THERESIA BASCHEK

Die Weiße Magie des Steinbocks

Verlag Peter Erd · München

Die in diesem Buch aufgeführten Ratschläge wurden von Autor und Verlag sorgfältig geprüft. Eine Garantie bzw. Haftung kann jedoch nicht übernommen werden. Lassen Sie Kerzen nie ohne Aufsicht brennen.

1. Auflage 1999
Umschlaggestaltung: Mirko Baschek
Lektorat, Satz, Gestaltung: Sonya Mayer
Geburtsdaten: Freiburger Forschungszentrum des Deutschen Astrologen-Verbandes (DAV), Dr. P. Niehenke, Eigenarchiv Theresia Baschek
Copyright © Verlag Peter Erd, München 1999

Alle Rechte, auch die des auszugsweisen Nachdrucks, der Übersetzung und jeglicher Wiedergabe, vorbehalten.

ISBN 3-8138-0520-4

INHALT

Vorwort	7
Teil I	
Kurzbeschreibung des Steinbocks	9
Steinbock (22. Dezember bis 20. Januar)	10
Geburtstage bekannter Steinböcke	12
Der Steinbock – Fleiß und Konzentration unter dem Saturn	15
Das Trigon der Erde	18
Die Aszendenten des Steinbocks	19
Teil II	
Der Mann im Zeichen Steinbock	23
Der Steinbock-Mann	24
Der Steinbock-Mann und seine Partnerinnen	26
Teil III	
Die Frau im Zeichen Steinbock	29
Die Steinbock-Frau	30
Die Steinbock-Frau und ihre Partner	32
Teil IV	
Die Meditationen des Steinbocks	35
Erdzeichen-Meditation für den Steinbock	36
Malachit-Meditation für den Steinbock	39

Teil V
Die Magie des Steinbocks 41
Grundsätzliches zu allen Ritualen 47
Grundsätzliches über Gesundheitsrituale 49

Teil VI
Die Rituale des Steinbocks 51
Rituelles Bad für das Erdzeichen Steinbock 52
Liebeszauber für den Steinbock 53
Treueritual für den Steinbock 59
Trennungsritual für den Steinbock 65
Abwehrritual für den Steinbock 70
Schutzritual für den Steinbock 75
Gesundheitsritual für den Steinbock 80
Talisman für den Steinbock 85

Teil VII
Notwendige Informationen für magisches Arbeiten 89
Zeittafel für magisches Arbeiten 90
Wochentage mit Regentenstunden 92
Der Schutz-Kreidekreis 95
Anrufende Pentagramme 96
Bannende Pentagramme 97
Auflösung von Seite 43 98

Schlußwort 100

Bestelladresse 101

VORWORT

Seit Jahrtausenden ist die Astrologie ein fester Bestandteil unseres täglichen Lebens. Früher waren Astronomie, Astrologie, Magie und auch die Heilkunde sehr eng miteinander verbunden und teilweise sogar mit unserem religiösen Glauben vereint. Gelehrte, die meist Priester oder Heilkundige waren, hüteten diese Wissenschaften und gaben ihre umfangreichen Kenntnisse, die sie auch als Geheimwissen bezeichneten, nur im engsten Kreis ihrer besten Schüler weiter. Das galt über viele Jahrtausende hinweg rund um unseren Globus für die verschiedensten Kulturen bzw. Völker und deren Menschen – egal welcher Hautfarbe oder Religion. Über diese frühen Beobachtungen und Forschungen sowie über magische und spirituelle Aktivitäten und Rituale wissen wir aus diversen Überlieferungen. Einen Zweig dieses Gesamtwissens, den matriarchalischen, magischen Glauben mit seiner naturverbundenen Religion und deren Verehrung einer »Weisen Mutter Natur«, der »Weißen Göttin«, wollte man im Mittelalter vernichten. Das Patriarchat, vertreten durch die Inquisition, versuchte mit den grausamsten Mitteln, den Menschen seine Vorstellung des »Wahren Heils« einzuimpfen.
Dieses Buch soll die Verbindung zwischen Astrologie und Magie aufzeigen und dazu beitragen, daß das seit vielen Jahrtausenden gehütete und nur im geheimen weitergegebene Wissen der sogenannten

»Weisen Frauen« wieder einer breiten Öffentlichkeit zugänglich wird. Ich weiß, daß dieses Wissen unser Leben bereichern kann, und wenn wir entsprechend handeln und denken, werden wir uns auch wieder naturverbundener fühlen und friedfertiger mit unseren Mitmenschen und der gesamten Natur umgehen.
In diesem Sinne wünsche ich Ihnen, liebe Leserin, und Ihnen, lieber Leser, daß sich Ihre Wünsche erfüllen.

Blessed Be!
Ihre Hexe Theresia

Teil I
Kurzbeschreibung des Steinbocks

Steinbock
(22. Dezember bis 20. Januar)

Wenn Sie dieses Buch in Händen halten, dann möchten Sie etwas über den Steinbock erfahren. Vielleicht sind Sie selbst im Zeichen Steinbock geboren und möchten dieses Buch als Anregung zur Selbsterkenntnis nutzen, oder Sie haben mit einem Steinbock zu tun, z. B. als Lebenspartner, Freund, Chef oder Kollege und wollen den Charakter und auch die Magie dieses Menschen besser verstehen. Mit den Informationen, die Sie in diesem Buch erhalten, können Sie, wenn Sie selbst Steinbock sind, Ihre Stärken und Schwächen besser erkennen und einschätzen. Wenn Sie dann dieses Wissen, diese Selbsterkenntnis richtig einsetzen, wird Sie auf Ihrem Erfolgsweg nichts ernsthaft behindern. Auch der praktische Teil des Buches, z. B. die beschriebenen Meditationen, ist auf Sie persönlich bzw. auf Ihr Element Erde ausgerichtet. Sie erfahren hier, in einer »Anleitung zum Praktizieren«, wie Sie Ihre Stärken nutzen und Ihre Schwächen im Griff halten und dadurch ausgeglichener und ruhiger Ihre Pläne verfolgen können, um sie zum Ziel zu führen und somit den gebührenden Erfolg und die Anerkennung zu erhalten.
Das alles gilt natürlich auch, wenn Sie kein Steinbock sind – dann jedoch aus einer anderen Sichtweise. Wenn Sie mit einem Steinbock zu tun haben, können Sie seine Art besser verstehen, ihn an

seine Stärken erinnern, ihn ermuntern und beim Meistern seiner Schwächen unterstützen und ihn so zu Spitzenleistungen anspornen. In vielen Lebensbereichen könnte der Steinbock große Taten vollbringen. Realitätssinn, Beharrlichkeit und Sachverstand, ausgeprägter Geschäftssinn, Fleiß sowie eine eiserne Disziplin zeichnen ihn aus. Einige Stichpunkte geben uns einen ersten Eindruck von den Menschen, deren Sonne in diesem Sternzeichen steht.

Lateinischer Name	Capricornus
Herrschender Planet	Saturn
Zugeordnete Farben	grün, schwarz
Deutung der Farben	Wachstum, Lebensmut, Hoffnung, Zähigkeit, Ausdauer, konservative Einstellung
Element	Erde
Deutung nach Element	analytisch, realitätsbezogen, formend, strukturierend, naturverbunden
Negative Eigenschaften bei zu viel Erde	eigensinnig, unnachgiebig, verbohrt, habsüchtig
Edelsteine	Azurit-Malachit, Moosachat, Malachit, schwarzer Turmalin, Onyx
Kräuter und Düfte	Nelke, Koriander, Moschus, Muskat, Myrrhe, Patchouli
Gefährdete Organe oder Körperteile	Gelenke, Rheuma, Gicht, Stoffwechsel und Verdauung

Geburtstage bekannter Steinböcke

22.12.1899	Gustaf Gründgens, dt. Schauspieler
22.12.1908	Max Bill, schweiz. Architekt u. Bildhauer
23.12.1943	Königin Silvia von Schweden
24.12.1868	Emanuel Lasker, dt. Schachweltmeister von 1894 bis 1921
24.12.1837	Kaiserin Elisabeth von Österreich
24.12.1924	Hellmuth Benesch dt. Neuropsychologe und Professor in Mainz
25.12.1943	Hanna Schygulla dt. Schauspielerin
25.12.1887	Conrad Hilton, amerik. Manager, Besitzer der Hilton-Hotel-Kette
25.12.1642	Isaac Newton, engl. Wissenschaftler
26.12.1893	Mao Tse-tung, chin. Politiker
26.12.1932	Maximilian Aichern, dt. Bischof
27.12.1914	Giuseppe Berto, ital. Schriftsteller
27.12.1822	Louis Pasteur, franz. Mediziner, Erfinder der Tollwut-Impfung
27.12.1901	Marlene Dietrich, dt. Schauspielerin
27.12.1896	Carl Zuckmayer, dt. Schriftsteller
28.12.1856	Woodrow Wilson, 27. Präsident der USA (1913-1921)
28.12.1925	Hildegard Knef, dt. Schauspielerin
29.12.1937	Nikolai Badinski, bulgar.-dt. Komponist
30.12.1946	Berti Vogts, dt. Fußballspieler und ehemaliger Nationaltrainer
31.12.1948	Donna Summer, amerik. Popsängerin
1.1.1909	Barry Goldwater, amerik. Politiker der Republikaner

1.1.1887	Wilhelm Canaris, dt. Offizier, in KZ-Haft gestorben
2.1.1910	Ulrich Becher, dt. Schriftsteller
2.1.1858	Josef Kainz, ungar. Schauspieler am Wiener Burgtheater
3.1.1897	Pola Negri, poln. Schauspielerin
3.1.1932	Klaus Murmann, dt. Unternehmer
4.1.1809	Louis Braille, Erfinder der Blindenschrift
4.1.1813	Isaac Pitman, engl. Begründer der modernen Astronomie
5.1.1876	Konrad Adenauer, erster Bundeskanzler der BR Deutschland, 1949-1963
5.1.1921	Friedrich Dürrenmatt, schweiz. Schriftsteller
5.1.1938	König Juan Carlos von Spanien
6.1.1572	Johannes Kepler, dt. Wissenschaftler
6.1.1944	Frank A. Meyer, schweiz. Journalist und Fernsehmoderator
6.1.1412	Jeanne d'Arc, »Jungfrau von Orleans«
7.1.1844	Bernadette Soubirous, »Die Heilige von Lourdes«
7.1.1915	Erwin Wickert, dt. Erzähler und Hörspielautor
8.1.1935	Elvis Presley, amerik. Rockmusiker
8.1.1909	Willy Millowitsch, dt. Schauspieler
9.1.1913	Richard Nixon, 36. Präsident der USA (1968-1973), »Watergate-Affaire«
9.1.1941	Joan Baez, amerik. Folksängerin
10.1.1949	George Foreman, amerik. Boxer, ehem. Weltmeister im Schwergewicht
10.1.1797	Annette v. Droste-Hülshoff, dt. Dichterin

10.1.1858	Heinrich Zille, dt. Maler
11.1.1923	Christian Beutler, dt. Kunsthistoriker
12.1.1927	Leopold Ahlsen, dt. Schriftsteller
13.1.1935	Elsa Martinelli, ital. Schauspielerin
13.1.1913	Johannes Benzing, dt. Orientalist
14.1.1931	Caterina Valente, franz. Schauspielerin und Sängerin
14.1.1875	Albert Schweitzer, franz. Mediziner, erhielt 1952 den Friedensnobelpreis
14.1.1892	Martin Niemöller, dt. Geistlicher, 1937-1945 im KZ Dachau inhaftiert, nach Kriegsende hoher kirchl. Würdenträger
15.1.1791	Franz Grillparzer, österr. Schriftsteller
15.1.1926	Maria Schell, österr. Schauspielerin
16.1.1932	Dian Fossey, amerik. Verhaltensforscherin, wurde in Afrika ermordet
17.1.1706	Benjamin Franklin, nordamerik. Staatsmann, Schriftsteller und Wissenschaftler
17.1.1942	Muhamed Ali, (Cassius Clay), amerik. Boxer, mehrfacher Weltmeister im Schwergewicht
18.1.1892	Oliver Hardy, amerik. Komiker
18.1.1955	Kevin Costner, amerik. Schauspieler und Regisseur
18.1.1904	Cary Grant, engl. Schauspieler
19.1.1954	Joachim Deckarm, dt. Handballspieler
20.1.1930	Edwin Aldrin, amerik. Astronaut, vollbrachte mit Neil Armstrong am 20. Juli 1969 die erste Mondlandung

Der Steinbock –
Fleiß und Konzentration unter dem Saturn

Das gemeinsame psychische Merkmal aller Steinbock-Geborenen ist ihre ungewöhnliche Konzentrationsfähigkeit, ihre Gründlichkeit, Sachlichkeit, Systematik, die Orientierung an überwiegend praktischen Gesichtspunkten und die Nüchternheit.
Der skeptische, zurückhaltende, teilweise mißtrauische Steinbock wirkt selten gewandt und beweglich. Er ist ein konservativer Mitbürger, der nicht so anpassungsfähig ist wie andere, aus diesem Grund ist er oft schwermütig und melancholisch, aber auch tiefsinnig. Im Alter neigt er zu Starrsinn und festgefahrenen Meinungen, die er oft autoritär verficht. Besonders positiv ist seine fast unendliche Ausdauer, wenn es darum geht, Probleme zu überwinden. Wenn andere längst aufgeben, fängt der Steinbock erst an, denn er liebt den Widerstand, die Schwierigkeiten und die Überwindung dieser Hindernisse. Seine Ziele verfolgt er, wenn nötig, jahrzehntelang mit großem Enthusiasmus.
Seine Gefühlsreaktionen sind zurückhaltend, spröde und reserviert, aber immer diplomatisch. Dabei kann er aber auch nachtragend sein, denn sein brennender Ehrgeiz und sein innerer Stolz nehmen jede Verletzung schnell übel. Diese vergißt er nicht so schnell, und irgendwann wird er möglicherweise Rache nehmen. Ihm fehlt scheinbar die Fähigkeit,

Gefühle nach außen zu zeigen. Für eine Partnerschaft sollte man das wissen, denn meist braucht ein Steinbock viele Jahre, so viel Vertrauen zum Partner aufzubauen, um ihm Gefühle zu offenbaren – wenn er es überhaupt jemals schafft.

Der Steinbock-Typ versteht es wie kein anderer, auf Vorteile zu achten. Seine Wirtschaftlichkeit, Rechenkunst und Sparsamkeit unterstützen ihn dabei. Sein schicksalhafter Zwang zu arbeiten spornt ihn zum Höchsteinsatz seiner Kräfte an. Er kennt keinen Leichtsinn, und die Altersvorsorge steht weit oben auf seiner Prioritätenliste. Er lebt vorausschauend und plant weit im voraus. Seine Erfolge erreicht er durch Geduld, Unnachgiebigkeit und Zähigkeit.

Der Steinbock äußert seine Gefühle niemals offenherzig oder freimütig, auch ist er nur schwer zu begeistern. Man beobachtet an ihm oft Härte, Nüchternheit und Kälte. Diese Eigenschaften stammen ohne Frage von seinem Herrscherplaneten Saturn. Dieser ist auch als der griechische Gott Kronos – Herrrscher der Zeit – der Gegenspieler der Sonne. Die Sonne symbolisiert das Licht und den Geist, während Kronos bzw. Saturn Materie und Finsternis symbolisieren. Hier taucht dann auch die Kehrseite der Medaille auf. Dem Steinbock fehlt oft das Gefühl – oder besser gesagt, es fehlt ihm die Offenheit, Gefühle zuzulassen und zu zeigen. Unter bestimmten Aspekten könnte das dann schon kritisch werden. Denn wenn der Steinbock nicht lernt, auch Gefühle zuzulassen, können die positiven Eigenschaften in negative Extreme umschlagen, die weder für den Steinbock noch für seine Umgebung, Familie, Freunde oder Kollegen zuträglich sind. In einem solchen Extremfall könnte ein Steinbock-Mensch zu einem egoistischen, starrsinnigen und harten Mitmenschen werden, der um keinen Preis einen begangenen Fehler eingestehen würde. Er besteht auch dann noch auf seiner eigenen, falschen Meinung, wenn sich längst das Gegenteil als richtig erwiesen hat. Dies sind natürlich alles nur Tendenzen, die uns unser Horoskop aufzeigt. Wir werden jedoch keinesfalls von unseren Sternen beherrscht, sondern haben immer die Willensfreiheit, Entscheidungen in diese oder jene Richtung zu fällen.

Vom Steinbock bevorzugte Berufszweige:
Politiker, Groß- und Einzelhändler, Manager, Handwerker, Berufe in allen Bereichen der Naturwissenschaft wie Biologie, aber auch Landwirtschaft und alle Bereiche, die sich mit der »Beschaffung von Grundprodukten« befassen, also die Textilbranche und der Lebensmittelhandel.

Das Trigon der Erde

Es ist das Dreieck, zu dem die Sternzeichen Steinbock, Jungfrau und Stier zählen. Diese drei Tierkreiszeichen gehören zum Element Erde und sind somit Zeichen, die normalerweise sehr realitätsbezogen, zäh und ausdauernd sind, was das Erreichen von Zielen betrifft. Diese Menschen sind im Beruf meist erfolgreiche Praktiker, die anpacken, um etwas Nützliches, Verwertbares zu schaffen. Theorie oder utopische Phantasien liegen ihnen nicht. Für eine Partnerschaft sollte man das auch bedenken, da Menschen dieser Sternzeichen, besonders die Jungfrau- und Steinbock-Geborenen, in der Ehe ebenfalls etwas Nützliches sehen und dadurch die Gefühlsebene zu kurz kommt.

Die Aszendenten des Steinbocks

Der Aszendent ist quasi unser zweites Sternzeichen. Man bezeichnet damit jenes Tierkreiszeichen, das zum Zeitpunkt der Geburt am östlichen Horizont aufgeht. Dieser Aszendent bestimmt auch unseren Charakter, in der Regel aber nur zu etwa einem Viertel. Wie alles im Universum, so hat auch der Aszendent zwei Seiten, und wie so oft, liegt es an uns, wie wir diese Seiten deuten. Der eine empfindet sie als positiv, während der andere sie für negativ hält.

Aber was sind eigentlich diese »positiven« oder »negativen« Seiten, die den Aszendenten für uns wichtig erscheinen lassen? Nun, es sind die verstärkenden oder abschwächenden Eigenschaften, die unseren Charakter dann auf die eine oder andere Weise mitprägen. Bei Steinbock-Geborenen z. B., die ja schon von ihrem Sonnenzeichen her eher zurückhaltend und vorsichtig sind, kann ein zusätzlicher Steinbock-Aszendent dazu führen, daß sie zu starrsinnigen und mißtrauischen Geizhälsen werden. Auf der anderen Seite kann der Steinbock-Aszendent auch dazu führen, daß der naturverbundene Steinbock sich noch intensiver mit der Natur beschäftigt.
Natürlich gibt es keine festen Grenzen, wo die positiven Eigenschaften aufhören und die negativen anfangen. Vielmehr ist alles fließend, und die unendliche Vielzahl der möglichen Planetenstellun-

gen in unserem Geburtshoroskop zeigt für jeden Menschen ganz individuell die persönlichen Stärken und Schwächen. Die nachstehenden Beschreibungen sollen Ihnen einen ersten Eindruck vom Aszendenten geben. Auf Tabellen, Listen und Formeln zu seiner Berechnung habe ich hier bewußt verzichtet. Leserinnen und Leser, die ihren Aszendenten nicht kennen, mögen mir das bitte nachsehen.Wenn Sie sich aber intensiver mit Ihrem Aszendenten oder allgemein mit Astrologie beschäftigen wollen, empfehle ich Ihnen die entsprechende Literatur, wie z. B. von den Autoren Erich Bauer, Herbert Löhlein, Georg Haddenbach und Norbert Teupert, um nur einige wenige zu nennen.

Widder
Dieser Sternenmischling arbeitet knallhart für seine Ziele und ruht nicht, bis er diese erreicht hat. Er kennt keine Gnade, wenn sich ihm jemand in den Weg stellt. Im sexuellen Bereich hat er Power und Ausdauer, das läßt Damenherzen höher schlagen.

Stier
Der Steinbock mit Aszendent Stier ist häuslich und liebt es bequem. Zum großen Glück braucht er nur drei Dinge: ein eigenes Haus, die Sportschau und eine willige Frau, die mit der Tageszeitung auf ihn wartet, wenn er abends von der Arbeit nach Hause kommt.

Zwillinge
Er kämpft schwer mit seinen Launen, mal ist er himmelhoch jauchzend, mal zu Tode betrübt. Er ist treu – fast zu treu. Hat er sich einmal für eine Partnerin entschieden, bleibt er bei ihr, selbst wenn er später einsieht, daß es ein Irrtum war. Altes und Falsches loszulassen, fällt ihm sehr schwer.

Krebs
Der Krebs-Aszendent macht den Steinbock gefühlvoll und umgänglich. Treue ist für diesen Sternenmischling ein Muß. Geschickt erklettert er die berufliche Erfolgsleiter, bis er sein Ziel erreicht hat.

Löwe
Stolz und ein wenig arrogant geht dieser Sternenmischling durchs Leben. Er ist ein Erfolgsmensch auf der ganzen Linie und ein Liebhaber, der die Augen der Damen noch sehr lange zum Leuchten bringt, wenn sie an ihn zurückdenken.

Jungfrau
Dieser Sternenmischling entscheidet sich meist für ein Junggesellenleben. Er ist knausrig, obwohl er meist reich ist. Er ist ein typischer Einzelkämpfer.

Waage
Er ist liebenswürdig und hat Charme. Dieser Sternentyp lächelt – und die Damenwelt liegt ihm zu Füßen. Mit Leichtigkeit erreicht er alle seine Ziele. Er ist zärtlich und sehr liebesbedürftig.

Skorpion
Dieser Sternenmischling ist nicht ganz einfach. Er macht grundsätzlich, was er will – Kompromisse kennt er nicht. Eisern verfolgt er seine Wünsche und Ziele. An Freundschaften ist er nicht interessiert, er ist selbst sein bester Freund, aber manchmal auch sein ärgster Feind.

Schütze
Für diesen Typ muß der richtige Partner erst geschaffen werden. Er sucht ständig das große Glück, stellt aber immer wieder fest, daß das eben eroberte weibliche Wesen auch Fehler hat.

Steinbock
Dieser Typ ist ein Einzelgänger, der am liebsten allein ist. Ehrgeiz und Fleiß zeichnen ihn aus. Sehr introvertiert, fällt es ihm schwer, Kontakte zum anderen Geschlecht zu knüpfen, oft bleibt er Single.

Wassermann
Lachfältchen und blendendes Auftreten sieht man hier. Er ist ein hervorragender Gesellschafter und ein noch besserer Liebhaber. Im Beruf ist er nicht so ehrgeizig wie andere Steinböcke, aber das gleicht er durch seinen Charme aus.

Fische
Er ist der geborene Seelsorger, kaum jemand kann so gut den Sorgen anderer zuhören. Feinfühlig weiß er immer Rat, so hat er einen großen Freundeskreis.

Teil II
Der Mann im Zeichen Steinbock

Der Steinbock-Mann

Dem Steinbock-Herrn ist die Karriere das Wichtigste. Er ist fleißig und arbeitet verbissen an seinen Zielen. Er ist meist ein etwas ernster, in sich gekehrter Typ, der um keinen Preis seine Gefühle zeigen möchte. Der Steinbock-Herr ist von gepflegter Erscheinung, und sein Gang ist geschmeidig. Er ist ein typischer Einzelkämpfer, der alle Hindernisse, die ihm im Wege stehen, zur Seite räumt. Dazu gebraucht er auch hin und wieder seine Hörner. Er ist stolz und wird nie einen Fehler zugeben, auch dann nicht, wenn er weiß, daß er dadurch etwas, das ihm lieb ist, verliert. Der Steinbock-Herr ist kein besonders leidenschaftlicher Liebhaber, aber er versteht es hervorragend, mit seiner Auserwählten zu plaudern und sie zu überzeugen, welch »toller Hecht« er ist. Er hat wenig Sinn für Romantik, eher für das Praktische, ganz nach dem Motto: »Wozu braucht man Kerzen, wenn es elektrisches Licht gibt?« oder: »Blumen gehören in den Garten und nicht auf den Tisch«. Hat sich der Steinbock-Herr für die Ehe entschieden, ist er auch treu. Er hat dann auch gar keine Zeit, nach anderen Schönheiten zu sehen, schließlich hat er eine Arbeit, und die kommt zuerst. Er ist sehr sparsam und verlangt das auch von seiner Liebsten. Da der Steinbock aber einen verwöhnten Gaumen hat und gerne außergewöhnliche Speisen zu sich nimmt, ist es für die Partnerin nicht immer einfach, sparsam zu sein. Sauberkeit und Ordnung in seinem Haus sind ihm ebenso wichtig wie sein eigenes, immer gepflegtes Aussehen. Der Steinbock-Herr neigt zu Jähzorn, somit kann es bei negativ eingestellten oder weniger selbstbewußten »Exemplaren« mitunter zu handfesten Streitigkeiten im Eheleben kommen. Meist zieht er sich nach Streitigkeiten zurück und sucht die Einsamkeit der Berge und Wälder.

Als Erdzeichen steht der Steinbock stets mit beiden Beinen auf der Erde, für Träumereien hat er nichts übrig. Ein gewißer Starrsinn und die Unfähigkeit, Gefühle zu offenbaren, ist zweifellos sofort erkennbar. Wenn seine Partnerin geschickt ist, sollte sie zum Essen ein Glas Wein servieren – nach einiger Zeit wird sie erstaunt bemerken, wie viel Gefühl der sonst so kühl wirkende Steinbock in sich verbirgt. Um richtig in Fahrt zu kommen, benötigt er eine erfahrene Partnerin, die ihn in die Welt der Erotik und Leidenschaft entführt. Er liebt es, am Rücken gestreichelt zu werden, und wenn seine Liebste dann noch an seinem Ohr knabbert und ihm leidenschaftliche Worte ins Ohr flüstert, geht die Post ganz gehörig ab.

Der Steinbock-Mann und seine Partnerinnen

Widder-Frau
Mit der feurigen Widder-Dame ist der etwas unterkühlte Steinbock-Herr überfordert. Sie erhofft sich Leidenschaft – aber er muß noch sein Auto putzen. Wenn die Widder-Dame es schafft, ihren Liebsten nach ihren Wünschen zu verändern, kann diese Verbindung sehr interessant werden. Die Frage ist, ob er sich umkrempeln läßt?

Stier-Frau
Die Stier-Dame hat Verständnis für den Karrieredrang ihres Liebsten und unterstützt ihn in jedem Bereich. Die beiden arbeiten sich zielstrebig nach oben und genießen die gemeinsamen Erfolge.

Zwillinge-Frau
Diese Verbindung kann sehr schwierig werden, da die beiden sehr verschieden sind. Mit viel Toleranz und Verständnis hat auch diese Liebe eine Chance, allerdings ist es keine leidenschaftliche Verbindung.

Krebs-Frau
Die gefühlvolle Krebs-Dame fühlt sich oft zurückgesetzt, das verletzt sie sehr. Romantik und Zärtlichkeit sucht sie in dieser Verbindung vergeblich, und das führt unweigerlich zur Trennung.

Löwe-Frau
Diese beiden sind ein optimales Team. Gemeinsam kämpfen sie für ihre Ziele und vertreten die gleichen Interessen. Die feurige Löwe-Dame vermag es sogar, den etwas kühlen Steinbock-Herrn in Ekstase zu versetzen.

Jungfrau-Frau
Die Jungfrau-Dame und der Steinbock-Herr streben beruflich nach den gleichen Idealen. Beide lieben den Erfolg. In dieser Verbindung dauert es sicher nicht lange, bis beide ihre Ziele erreicht haben. In der Liebe bleibt es kühl, da beide so sind.

Waage-Frau
Diese Verbindung ist wie eine Berg- und Talfahrt. Mal heiß verliebt, dann wieder kalt wie ein Eisberg, langweilig wird es nie. Die beiden haben sich viel zu geben, so daß die kühleren Tage wenig ausmachen.

Skorpion-Frau
Diese Dame hat Feuer und Erotik, daß es nur so funkt. Sie überfordert den Steinbock-Herrn, daher reagiert er mit kalter Gleichgültigkeit. Ob das wohl gutgeht?

Schütze-Frau
Die Schütze-Dame läßt sich nicht anketten. Sie liebt ihre Freiheit und das Flirten. In dieser Verbindung muß der Steinbock-Herr »beide Augen zudrücken«, so temperamentvoll ist seine Liebste.

Steinbock-Frau
Die beiden harmonieren wie ein altes Geschwisterpaar. Für Leidenschaft haben sie keine Zeit. Die Steinbock-Dame hat ein sanftes Herz, sie fängt ihren Liebsten auf, wenn er im Selbstmitleid ertrinkt. Diese Verbindung kann ein Leben lang halten, weil einer den anderen bis in das tiefste Innere versteht und seine negativen Seiten toleriert.

Wassermann-Frau
Der eifersüchtige Steinbock-Herr mag es gar nicht, wenn seine Wassermann-Dame mit anderen flirtet. Sie ist freiheitsliebend und kann es nicht verstehen, daß es außer Arbeit nichts anderes geben soll. In Sachen Leidenschaft kommen die beiden leider zu kurz, da jeder meint, der andere müsse den Anfang machen.

Fische-Frau
Die Fische-Dame wickelt den Steinbock-Herrn um den kleinen Finger. Ein Blick in ihre Augen – und er kann einfach nicht nein sagen. Hervorragend meistert sie seine Launenhaftigkeit und erntet seine Bewunderung. Das wiederum tut der scheuen Fische-Dame gut.

Teil III
Die Frau im Zeichen Steinbock

Die Steinbock-Frau

Die Steinbock-Dame ist stolz, ihr Gang ist anmutig. Diese Dame weiß ganz genau, was sie will – sie geht keine Umwege. Sie hat immer ihr direktes Ziel vor Augen und verschwendet keine Zeit für Nebensächlichkeiten, bevor sie erreicht hat, was sie begehrt. Sie ist genauso ehrgeizig und fleißig wie ihr Sternenbruder, so erreicht sie den gewünschten Erfolg. Die Steinbock-Dame ist sehr selbständig, sie braucht keinen Mann, um ihr Leben zu meistern. Wenn sie sich für eine Partnerschaft entscheidet, dann nur aus Liebe. Treue ist für sie wichtig, einen Fehltritt des Partners würde sie nie verzeihen. Ihre wahren Gefühle zeigt sie leider nur selten, zu groß ist die Angst, enttäuscht zu werden. Wenn sie aber einen Partner hat, auf den sie sich verlassen kann, wird sie weich und verspielt. Von der unterkühlten Dame ist dann keine Spur mehr zu sehen. Leidenschaftlich verführt sie ihren Liebsten, sie ist keineswegs prüde. Wenn sich die Steinbock-Dame für Kinder entscheidet, ist sie eine vorbildliche Mutter. Aufopfernd erzieht sie ihre Kinder. Das Leben mit ihren Kindern ähnelt einer Berg- und Talfahrt, mal überhäuft sie ihre Kleinen mit Liebe, mal straft sie mit Eiseskälte. Die Steinbock-Dame ist nachtragend und vergißt garantiert keinen Streit, weder mit den Kindern noch mit ihrem Mann. Da sie Fehler nur schwer eingestehen kann, sucht sie das Negative beim anderen. Tief in ihrem Inneren versteckt sie ein riesiges Herz, das für die Kranken und

Schwachen schlägt. Wo immer sie helfen kann, ist sie zur Stelle und bemüht sich aufopfernd, den anderen von seinem Leid zu befreien oder es wenigstens zu erleichtern. Nicht selten findet man die Steinbock-Dame als Krankenschwester, Ärztin oder in anderen Pflegeberufen.

Die Steinbock-Frau und ihre Partner

Widder-Mann
Der feurige Widder lehrt der Steinbock-Dame die Leidenschaft, und sie lernt gerne. Sie kämpfen und erreichen ihre Ziele gemeinsam. Diese Verbindung kann ein Leben lang halten, sie sind ein gutes Team.

Stier-Mann
Der Stier-Herr läßt seine Liebste sein, wie sie ist, er liebt sie mit »Haut und Haaren«. Ihm kann sie ihr großes Herz öffnen, um nur ihm zu gehören. Ein Super-Team sind sie auch für alles Geschäftliche.

Zwillinge-Mann
In dieser Verbindung fehlen Erotik und der Drang, etwas Gemeinsames zu schaffen. Die beiden sind zu unterschiedlich, um gemeinsam alt zu werden.

Krebs-Mann
Der Krebs-Herr ist einfühlsam und zärtlich, das gefällt der Steinbock-Dame, sie will erobert werden. Gemeinsam klettern sie die berufliche Erfolgsleiter nach oben und genießen den Erfolg.

Löwe-Mann
Der leidenschaftliche Löwe-Herr weiß, wie er sie in Ekstase versetzt, dafür liebt sie ihn noch mehr. Jeder läßt den anderen sein, wie er ist und akzeptiert seine kleinen Fehler.

Jungfrau-Mann
Wenn diese zwei Erdelemente zueinander finden, herrscht tiefes Einverständnis. Die beiden haben dieselben Ziele und arbeiten hartnäckig an ihrem Erfolg. Sie sind ein unschlagbares Team.

Waage-Mann
Er ist nicht der Ehrgeizigste, aber er hat Charme und Witz. Die Steinbock-Dame liebt es, mit ihm zu lachen. In seiner zärtlichen Umarmung schmilzt sie nur so dahin.

Skorpion-Mann
Der Skorpion-Herr will die Steinbock-Dame zu einem »Erotik-Vamp« umerziehen, da spielt sie aber nicht mit und setzt ihn kurzerhand vor die Tür.

Schütze-Mann
Der soliden Steinbock-Dame mißfällt die Abenteuerlust des Schützen. So gibt sie ihm nach einigen erfolglosen Versuchen, ihn zu ändern, den Laufpaß.

Steinbock-Mann
Die beiden verstehen sich auch ohne viele Worte. Man kennt einander, aber damit es nicht langweilig wird, muß ab und zu für Abwechslung gesorgt werden. Jeder hat für den anderen Verständnis und akzeptiert, daß die Arbeit auch nach Feierabend weitergeht.

Wassermann-Mann

Der Wassermann-Herr ist sehr freiheitsliebend und läßt sich nicht gerne anketten. Die Steinbock-Dame dagegen ist nur für eine Bettgeschichte nicht zu haben. So finden die beiden wohl nicht zusammen. Oder etwa doch?

Fische-Mann

Der Fische-Herr weiß genau, was die Steinbock-Dame zum Glücklichsein braucht und verwöhnt sie. Prompt erntet er dafür Bewunderung und jede Menge Zärtlichkeit. Diese Verbindung könnte ein Leben lang anhalten.

Teil IV
Die Meditationen des Steinbocks

Erdzeichen-Meditation für den Steinbock

Diese Meditation können Sie gut morgens nach dem Aufwachen praktizieren, um sich positiv auf den beginnenden Tag einzustimmen.

Legen Sie sich ganz entspannt auf eine bequeme Unterlage, und atmen Sie einige Male tief ein und aus. Mit jedem Atemzug lassen Sie sich nun tiefer und tiefer fallen, in das angenehme Gefühl der Ruhe. Sie fühlen ganz deutlich, wie sich jeder Muskel Ihres Körpers lockert. Sie fühlen sich immer wohler und freier. Deutlich sehen Sie eine breite Treppe vor sich, und Sie steigen die Stufen hinunter. Immer tiefer und tiefer gehen Sie die Stufen hinunter. Immer noch weiter hinunter – so weit, bis vor Ihnen eine Tür auftaucht. Sie öffnen die Tür und treten hindurch.
Sehen Sie sich um, und genießen Sie diesen Anblick. Sie befinden sich inmitten einer Blumenwiese. Es sind wunderschöne Blumen, besonders verzaubert Sie das satte Grün all dieser Pflanzen. Tief atmen Sie den Duft der Blumen in sich ein. Winzige Wölkchen ziehen am Himmel dahin, und die aufgehende Sonne verleiht der Wiese eine romantische Atmosphäre. Sie gehen über die Wiese und gelangen in einen Wald. Die Bäume leuchten ebenfalls in einem satten Grün und Sie fühlen, welche Kraft von ihnen ausgeht. Langsam schlendern Sie

einen Trampelpfad entlang und sehen einen kleinen Berg vor sich, auf dem eine alte Eiche steht. Wunderschöne, feenhafte Wesen mit langen, braunen Haaren und grünen Gewändern tanzen um den alten Baum. Sie bewegen sich grazil, fast schwebend. Eines dieser Wesen kommt zu Ihnen und nimmt lächelnd Ihre Hand. Gemeinsam gehen Sie zu der alten Eiche. Die feenhafte Gestalt erklärt Ihnen, daß sie selbst und die anderen Wesenheiten Erdelfen sind, die Ihnen sehr nahe stehen, da Sie ein Erdzeichen sind. Wie einem sehr lange bekannten, guten alten Freund könnten Sie ihnen somit alles sagen, was Sie bedrückt oder belastet. Sie können ihnen alles erzählen und auch Fragen stellen, wenn Sie etwas wissen möchten. Sie werden genau die Antwort erhalten, die zu diesem Zeitpunkt für Sie richtig ist und Ihnen den rechten Weg weist. Wenn Sie möchten, können Sie sofort einige Fragen stellen oder zu einem späteren Zeitpunkt wieder hierher zurückkommen, um dann nach Antworten auf Probleme, die Sie bewegen, zu fragen.
Es kann durchaus sein, daß Sie während der Meditation eine Frage stellen und keine Antwort erhalten. Das ist kein Grund zur Besorgnis, denn die Antworten kommen bestimmt. Schon in der folgenden Nacht können Sie nochmals von Ihrem Problem träumen und dann die Lösung vor sich sehen. So geben Ihnen die Erdwesenheiten die Wegbeschreibung zu Ihrem Ziel. Sie können auch um Schutz bitten, wenn Sie ihn benötigen, und Sie werden diesen Schutz auch sofort erhalten.

Wenn Sie dann das Gespräch mit den Erdelfen beendet haben, bedanken Sie sich und verweilen noch einige Minuten, bevor Sie sich verabschieden. Sehen Sie sich vielleicht noch etwas um, und gehen Sie dann den gleichen Weg wieder zurück. Durch den Wald, über die prächtige Blumenwiese mit den schönen Blumen, zurück bis zu der Tür, die immer noch offen steht. Gehen Sie voll Freude im Herzen hindurch, und steigen Sie die Stufen wieder hinauf. Mit jeder Stufe, die Sie nach oben steigen, fühlen Sie, wie Ihr Problem leichter und leichter wird.
Bleiben Sie einfach noch eine Weile liegen, und lassen Sie die Meditation auf sich wirken. Atmen Sie anschließend dreimal kräftig ein und aus, und beginnen Sie Ihren Tag voll Frieden und Harmonie.

Zu den Erdelfen und ihren Antworten gibt es ergänzend noch zu sagen, daß Ihnen diese Elfen niemals schaden und Sie auch niemals belügen. Sie sollten sich also die Lösungswege und Antworten, die Sie erhalten, ganz genau anschauen, da sie Ihnen ausschließlich nutzen. Steht eine solche Antwort im Widerspruch zu Ihrer eigenen Meinung oder Ihrem derzeitigen Weg, so sollten Sie diesem Rat dennoch folgen. Wenn Sie das spontan nicht können, weil Sie glauben, daß zu viele oder bestimmte Argumente gegen den aufgezeigten Weg sprechen, dann können Sie über diese Antworten einmal – oder wenn Sie möchten, auch mehrmals – analytisch meditieren. Wie das genau geht, ist nicht Thema dieses Buches und würde dessen Umfang sprengen. So viel sei aber vereinfacht zur analytischen Meditation gesagt: Man versucht, das Problem, den Weg oder die Antwort bis ins kleinste Detail in positive und negative Auswirkungen für sich selbst und für andere zu zerlegen. Dann versucht man, die positiven und negativen Auswirkungen zu gewichten und gegeneinander abzuwägen. Hat am Ende das Ergebnis eine positive Wirkung, nicht nur für uns selbst, sondern auch für andere, so können wir davon ausgehen, daß unsere Handlungen oder unser Weg derzeit richtig sind. Hat das Endergebnis aber negative Auswirkungen, so kann dieser Weg nicht richtig sein, und man sollte über andere Möglichkeiten oder Ziele nachdenken.

Malachit-Meditation für den Steinbock

Auch diese Meditation können Sie gut morgens nach dem Aufwachen praktizieren, um sich positiv auf den beginnenden Tag einzustimmen. Sie läßt sich jedoch auch gut zu jeder anderen Tageszeit verwenden, wenn man »zu viel Erde« hat und alles etwas zu verbissen sieht. Da diese Meditation nicht lange dauert, kann man sie in stressigen Situationen anwenden.
Setzen Sie sich entspannt hin, oder legen Sie sich auf eine bequeme Unterlage, und schließen Sie die Augen. Ihr Atem geht ruhig und gleichmäßig, so

wie es Ihr Atemreflex vorgibt. Sie atmen einfach ein und wieder aus, ein und wieder aus. Sie sind vollkommen ruhig und entspannt. Nichts kann Sie stören, und nichts ist mehr wichtig. Sie lassen sich einfach fallen in das angenehme Gefühl der Ruhe. Sie fallen immer tiefer und tiefer. Ihr ganzer Körper ist in Harmonie und Liebe gebettet. In Gedanken sehen Sie einen wunderschönen Malachit. Er ist von glänzender, satter grüner Farbe. Es ist Ihr ganz persönlicher Edelstein, der Ihnen als Steinbock ebenso zugeordnet ist, wie das Element Erde. Dieser Malachit schwebt genau über Ihrem dritten Auge und bestrahlt Ihr Dasein mit seiner ganzen Kraft. Mit jedem Atemzug werden Sie mehr und mehr eins mit diesem Stein. Sie spüren die Stärke und die Kraft, die sich nun in Ihnen ausbreiten. Sie sind ruhig und ausgeglichen. In Ihnen herrscht das richtige Maß an Erdenergie. Der Malachit verleiht Ihnen Ausgeglichenheit und die nötige Offenheit. Sie sind eins mit diesem göttlichen Stein. Mit jedem Atemzug holen Sie nun diese Energie in sich hinein, und wenn Sie ausatmen, lösen sich alte Blockaden und überschüssige Erdenergie wird hinausgeblasen. Sie sind nun völlig ausgeglichen und frei für positive Unternehmungen.
Bleiben Sie noch einen Moment liegen, bevor Sie an Ihre Arbeit gehen.

Teil V
Die Magie des Steinbocks

Was ist eigentlich die Magie des Steinbocks? Um das festzulegen, müssen wir erst einmal wissen, was Magie allgemein ist.

Magische Rituale zu praktizieren, ist eine seit Jahrtausenden überlieferte Kunst, bei der man durch Willenskraft bestimmte Ereignisse oder Dinge verändert oder auch neu erschafft. Notwendig ist dabei, daß man einen unerschütterlichen Willen und ein konkret definiertes Ziel hat.

Was ist ein konkret definiertes Ziel?

Bei unserer magischen Arbeit ist es ein durch Visualisierung sehr genau dargestelltes Ereignis. Ein Beispiel soll Ihnen verdeutlichen, was ich meine. Nehmen wir einmal an, Sie haben einen Wunsch. Versuchen Sie nun, diesen Wunsch vor Ihrem geistigen Auge Realität werden zu lassen. Was sehen Sie? »Meinen Wunsch«, werden Sie jetzt vielleicht ganz spontan gedacht oder gesagt haben. Natürlich haben Sie etwas gesehen, aber das war nur ein Bruchteil Ihres Wunsches, und es war deshalb auch nur ein Bruchteil eines konkret definierten Ziels.

Haben Sie, während Sie Ihren Wunsch visualisierten, z. B. gesehen, wann Sie Ihr Ziel erreichen? Heute noch? Morgen? In einer Woche? In wie vielen Monaten oder Jahren hat sich Ihr Wunsch erfüllt? Sie haben an keinen Zeitpunkt gedacht, schade, möglicherweise müssen Sie sehr lange auf das Endergebnis warten. Haben Sie in Ihrer Vorstellung auch den Ort gesehen, an dem Ihr Wunsch in Erfüllung geht? Welche Kleidung haben Sie getragen, und welche Kleidung haben andere Personen getragen, die eventuell an Ihrem Wunsch beteiligt waren? Waren Sie in einem Gebäude, wenn ja, in welchem Raum? Was ist alles im Raum? Oder waren Sie im Freien? Wie sieht die Landschaft aus? Fragen über Fragen, aber Sie erkennen jetzt, worauf es ankommt. Sie müssen in Ihren magischen Ritualen Ihr Ziel so genau wie möglich beschreiben, um es letztlich auch erfolgreich zu erreichen.

Dieses kleine Beispiel hat uns auch verdeutlicht, daß es am Anfang gar nicht so leicht ist, sich ein richtiges Bild von seinem Ziel zu machen. Jetzt zeigt sich auch, daß falsch praktizierte Rituale von Menschen, die glauben, mal »schnell drauflesauzaubern« zu können, eigentlich immer zum Scheitern verurteilt sind – ihnen fehlt das genaue Ziel. Lassen Sie sich aber auch nicht abschrecken, denn z. B. mit Meditationen können Sie hervorragend üben, Dinge oder Ereignisse ganz genau zu beschreiben. Meditieren Sie doch mal über Ihren Teppich. Ich meine damit, daß Sie sich ganz entspannt auf Ihren Teppich setzen und ihn »erforschen« – nur mit den Augen lernen Sie ihn kennen und denken über ihn nach. Auf Seite 98 finden Sie die Auflösung, ob Sie Ihren Teppich genau genug »erkannt« haben und ihn beschreiben können.

Sie können jetzt die Meditation machen und dann nachsehen, wie Sie abgeschnitten haben, oder Sie praktizieren die Meditation ein anderes Mal und lesen nun einfach auf der nächsten Seite weiter.

Auf der vorhergehenden Seite war vom Scheitern die Rede, und das möchte ich nochmals kurz aufgreifen. Da Sie sich möglicherweise, genauso wie ich, manchmal einen Lottogewinn wünschen, kann ich Ihnen sagen, daß Rituale, die aus Gier oder selbstsüchtigen Motiven heraus praktiziert werden, ebenfalls immer scheitern. Es besteht sogar die Gefahr, daß sich der Wunsch gegen Sie wendet und Sie viel Geld, Gut oder Habe verlieren.
Sollten Sie jedoch in einem finanziellen Engpaß stecken und dringend einen gewissen Geldbetrag brauchen, können Sie sehr wohl Rituale zelebrieren, bei denen Sie aber nur den allernotwendigsten Betrag wünschen sollten und keinen Pfennig mehr. Übrigens, wenn Sie aus tiefstem Herzen einem Fremden, z. B. dem Nachbarn, der um die Ecke wohnt, den besagten Lottogewinn wünschen, wird Ihr Ritual durchaus erfolgreich sein.
Jetzt aber zurück zu dem, was wir brauchen, um erfolgreich magisch zu arbeiten. Wir haben festgestellt, daß ein genaues Ziel notwendig ist, und wie wir diese Genauigkeit erreichen können. Damit haben wir schon einen großen Sprung in Richtung Erfolg getan. Was noch fehlt, ist das »Ambiente«, die entsprechende Stimmung sowie die ganzen Utensilien. Ein Teil dieser Gegenstände, wie z. B. Dolch, Magischer Kreis, Salz und diverse Siegel, um nur einige Ritualgegenstände zu nennen, dient dazu, den magisch Arbeitenden vor negativen Einflüssen und Energien zu schützen. Andere Gegenstände, wie z. B. Blumen, Kerzen, Früchte und

Speisen allgemein, gehören auch dazu und werden überwiegend als Opfergabe dargebracht. Ein dritter Teil von Ritualzutaten, wie z. B. Räucherungen, Kerzen, duftende Öle, Edelsteine und teilweise auch Musik usw., haben zum Großteil nur die einzige wichtige Aufgabe, den Praktizierenden einzustimmen, das heißt, aus dem Alltag herauszuheben in einen meditativen oder tranceartigen Zustand, damit er dann, verbunden nur mit der göttlichen Energie, sein Ziel beschreiben und damit erschaffen kann.

Eine Kurzdefinition könnte so lauten: Mit festem Willen, unerschütterlichem Glauben und einem genauen Ziel vor Augen – durch das Ritual befreit vom Alltäglichen –, dem göttlichen Energiefluß so nahe zu sein, daß die genaue Beschreibung des Ziels übergeben werden kann, auf daß es Realität werde.

Alle Utensilien sind von Ritual zu Ritual und von Magie zu Magie unterschiedlich. Es gibt viele Arten, die Sie praktizieren können. In der Wicca-Magie, der eine matriarchalische Philosophie zugrunde liegt, wird also die »Weise Ur-Mutter«, die »Weiße Göttin« verehrt. Entwickelt hat sich dieser Glaube vor weit mehr als zweitausend Jahren aus ägyptischen Lehren, die sich über die Jahrhunderte hinweg mit griechischen und römischen Kulten sowie der keltischen Religion vermischten. Dieser Art von Magie, die auch eine sehr naturverbundene ist, stehe ich sehr nahe, und ich habe über die Jahre meinen eigenen Wicca-Stil entwickelt.

Natürlich können Sie auch andere Arten von Magie praktizieren. Voodoo, Schamanismus, kabbalistische oder zeremonielle Magie, Makumba u. v. m. Letztlich werden Sie, wenn Sie magisch arbeiten wollen, Ihren eigenen Weg, sprich Ihre eigene Magie, die Ihnen am besten liegt, finden.
Alle Rituale, die auf den nächsten Seiten folgen, sind ganz individuell auf das Sternzeichen des Steinbocks abgestimmt. Es werden Zutaten verwendet, die eine Atmosphäre von besonderer Spiritualität erzeugen, die Sie als Steinbock-Geborene(n) während Ihres Rituals auf einzigartige Weise der göttlichen Energie näher bringt. Sie können dann Ihren genau definierten Wunsch vortragen, damit er sich erfüllen kann.
Zweifeln Sie niemals, sehen Sie positiv in die Zukunft, und gehen Sie auch positiv Ihren Weg. Lassen Sie sich von kleinen Rückschlägen, wenn z. B. einmal etwas nicht so schnell in Erfüllung geht, nicht abschrecken. Magie ist ein mächtiges Instrument unseres Geistes, und sie wirkt. Das eine oder andere Ritual müssen Sie vielleicht einmal oder sogar mehrmals wiederholen, bis Sie es richtig beherrschen, aber es ist ja bekanntlich noch kein Meister vom Himmel gefallen.
Eines sollten Sie jedoch von Anbeginn berücksichtigen. Es ist das ungeschriebene Gesetz der Weißen Hexen:

»Tue, was du willst, aber schade niemandem!«

Grundsätzliches zu allen Ritualen

Da alle Rituale Zeit und sehr viel Konzentration erfordern, gibt es nichts Schlimmeres, als aus diesem tranceartigen Zustand herausgerissen zu werden. Sie sollten also dafür sorgen, daß Sie während der Rituale nicht gestört werden. Weder durch das Klingeln an der Haustüre noch durch das Telefon oder durch den Ehemann/Freund oder die Kinder sollten Sie während der Zeremonie gestört werden. Sie sollten sich vor jedem Ritual, sei es auch noch so einfach auszuführen, reinigen. Natürlich müssen Sie nicht vor jedem Ritual ein Vollbad nehmen, jedoch sollten Sie immer Ihr Gesicht, Ihre Hände und den Körper mit Salzwasser besprenkeln. Bei den großen Ritualen empfehle ich Ihnen, das rituelle Reinigungsbad so zu vollziehen, wie ich es auf Seite 52 beschrieben habe.

Ein besonders wichtiger Punkt ist auch, daß Sie sich und Ihr Ritual vor negativen Energien und Einflüssen, Dämonen und Verfluchungen schützen. So sollte, je nach Ritual, das Ziehen der anrufenden oder bannenden Pentagramme, das Auslegen eines sogenannten Magischen Kreises und das Anrufen der Wächter ein fester Bestandteil vor Ihrem eigentlichen Ritual sein. Wie man die Pentagramme zieht, lesen Sie ab Seite 96.

Bei den Ritualen in diesem Buch sind Schutzmaßnahmen notwendig. Lassen Sie sich bitte nicht täuschen, und glauben Sie auch nicht, daß der Schutz bei dem einen oder anderen Ritual nicht so wichtig wäre, weil ich ihn bei diesen Ritualen nur mit einem oder zwei Sätzen beschrieben habe oder weil es ein kurzes Ritual ist.

Vor allen Ritualen sind umfangreiche Schutzvorkehrungen zu treffen!

Auch sollten Sie sich bei jedem Ritual ehrfurchtsvoll und mit dem angebrachten Respekt, aber auch mit Vertrauen und Zuversicht dem Altar nähern und sich wieder von diesem entfernen. Da in einem Buch nichts langweiliger ist als ständige Wiederholungen, habe ich dies, genauso wie die sich wiederholenden Schutzvorbereitungen, bei den Ritualen nicht immer wieder neu beschrieben und angeführt. Dennoch sollten Ihnen eine entsprechende Annäherung und Entfernung in Fleisch und Blut übergehen und bei jedem Ritual praktiziert werden.

Einen weiteren Grundsatz sollten Sie stets beherzigen, nämlich den, mit niemandem über Ihre magische Arbeit zu sprechen. Schweigen ist hier eigentlich der beste Schutz, damit kein anderer Ihre magische Arbeit zerstören kann. Stellen Sie sich nur vor, daß derjenige, mit dem Sie über Ihre magische Arbeit gesprochen haben, ständig daran denkt und seine möglicherweise negativen Gedanken in Ihr Ritual einfließen läßt. Außerdem können Sie nie hundertprozentig sicher sein, daß die Person, mit der Sie über das Ritual gesprochen haben, ihr Wissen nicht doch irgendwann dazu benutzt, Ihnen vielleicht sogar zu schaden.

Grundsätzliches über Gesundheitsrituale

Ganz allgemein möchte ich Ihnen sagen, daß alle in diesem Buch vorgestellten Gesundheitsrituale sehr wirksam sind, jedoch ersetzen sie nicht die Diagnose und die anschließende Behandlung durch Ihren Arzt, Heilpraktiker oder Psychotherapeuten. Diese Rituale sollten Sie immer unterstützend zur ärztlichen Behandlung anwenden.

Ich wünsche Ihnen Mut und Kraft, daß Sie die Ursachen, vielleicht auch die psychischen, Ihrer Beschwerden oder Leiden erkennen und annehmen, denn dann brauchen Sie möglicherweise nicht an Symptomen herumzudoktern, sondern können sich ganz der Ursache widmen, sie ins Positive ändern und somit Ihre Krankheit auflösen.

Megalithsteine von Stonehenge
Stonehenge war eine große Sakralstätte und Sternwarte. An diesem heiligen Kraftplatz wurden nicht nur besondere Feste gefeiert und Rituale zelebriert, sondern natürlich auch die Stellungen der Planeten berechnet. Zu bestimmten Zeiten wie z. B. den Tagundnachtgleichen oder den Sonnenwenden kann man den Sonnenstand immer an einer bestimmten Stelle der Steinformation erkennen. In neuerer Zeit hat eine Gruppe von etwa 200 Druiden wieder die offizielle Erlaubnis erhalten, den inneren Kreis von Stonehenge für besondere Feste und Rituale zu betreten. Das Gelände mit den imposanten Steinen ist normalerweise für Besucher nicht zugänglich, sondern nur aus einiger Entfernung zu besichtigen.
Auch in Deutschland gibt es Kraftplätze. Ein besonderer, der ebenfalls als Kultstätte und Sternwarte genutzt wurde – und auch wieder genutzt wird – liegt bei Horn, nahe Detmold im Teutoburger Wald. Es sind die **Externsteine**, *eine Felsformation, von der nicht nur indianische Schamanen bei einem Besuch sagten, daß es ein »ausgesprochen starker Platz« ist. Besonders bemerkenswert ist auch die Tatsache, daß die Externsteine auf dem 52. Breitengrad liegen, auf dem man auch Stonehenge und andere Kraftplätze findet. 52 Grad ist auch das Winkelmaß der Cheops-Pyramide – kann das Zufall sein?*

Teil VI
Die Rituale des Steinbocks

Rituelles Bad für das Erdzeichen Steinbock

Dauer des Bades: ca. 15-20 Minuten
Lassen Sie warmes, nicht zu heißes Wasser in die Wanne laufen, und geben Sie eine Handvoll Meersalz und sieben Tropfen Patchouli-Öl hinzu.
Legen Sie sich nun ganz entspannt in die Wanne, und schließen Sie Ihre Augen. Atmen Sie siebenmal ganz ruhig ein und aus. Spüren Sie, wie sich jeder Muskel lockert und Sie immer leichter und leichter werden. Fast schwerelos treibt Ihr Körper im Wasser, und Sie fühlen ganz deutlich, wie sich alle störenden Gedanken auflösen und vollkommene Harmonie zurückbleibt. Visualisieren Sie einen kräftig-grünen Ball. Dieser Ball ist Liebe pur. Mit jedem Atemzug holen Sie diese Liebe in sich hinein. Überall in Ihrem Körper verteilt sich nun das strahlende grüne Licht der Liebe und Leidenschaft. Sie fühlen ganz deutlich, mit welcher Macht sich die Liebe in Ihrem Körper verbreitet. Glücksgefühle durchströmen Sie. Wenn Sie das Gefühl haben, daß Sie eins sind mit diesem Gefühl der Liebe und des Glücks, dann steigen Sie aus der Wanne und trocknen sich ab. Ziehen Sie sich etwas Leichtes, nicht Beengendes an, am besten ein Wickeltuch aus Seide in der entsprechenden Farbe des Rituals, das Sie anschließend zelebrieren wollen.

Liebeszauber für den Steinbock

Für dieses Ritual benötigen Sie folgende Zutaten:
Eine rote Altardecke, einen Malachit-Edelstein, sieben Onyx-Edelsteine, ein rotes Stoffsäckchen, eine rote Paarkerze, zwei weiße Altarkerzen, eine kleine Schale für die Weihrauchmischung, getrocknete Blütenblätter von sieben roten Rosen, ein Bild des/der Liebsten, ein ca. 10 x 10 cm großes Stück Hautpergament, ein Fläschchen Liebesöl, einen Federhalter mit Schreibfeder, ein Fläschchen Drachenbluttinte, zwei Rosenräucherstäbchen, eine Schüssel mit Heiligem Wasser, eine Packung Streichhölzer, einen Zahnstocher, eine Räucherschale, gefüllt mit etwas Sand und ein Stück Räucherkohle sowie eine besondere Räuchermischung, die speziell für das Liebesanliegen des Steinbocks zubereitet wird. Diese können Sie problemlos selbst machen. Nehmen Sie hierzu einen Teelöffel Sandelholz, zwei gestrichene Teelöffel Moschuskörner, einen gestrichenen Teelöffel Myrrhe, einen gestrichenen Teelöffel Koriander, einen gestrichenen Teelöffel Gewürznelken und einen gestrichenen Teelöffel Weihrauch. Die groben Zutaten wie Weihrauch, Moschuskörner oder Nelken sollten Sie etwas zerkleinern. Am besten geht das in einem Mörser, in den Sie nach und nach alle Räucherzutaten geben und zu einer gut streubaren Mischung verarbeiten. Was von Ihrer Mischung nach dem Ritual übrigbleibt, können Sie in einem luftdichten Gefäß für ein weiteres Liebesritual aufbewahren.

Ritualvorbereitung

Für dieses Ritual sollten Sie Ihren Altar so im Zimmer aufbauen, daß er im Süden steht. Wenn Sie dann später Ihr Ritual vollziehen, stellen Sie sich so vor den Altar, daß sie nach Süden sehen.
Breiten Sie die rote Altardecke über Ihren Ritualtisch aus, und stellen Sie die beiden weißen Altarkerzen links und rechts oben auf Ihrem Altar auf. Vor jede dieser beiden Altarkerzen plazieren Sie ein Rosenräucherstäbchen. Reinigen Sie den Malachit mit etwas Heiligem Wasser, und legen Sie ihn anschließend in die Mitte Ihres Altars. Ritzen Sie nun mit dem Zahnstocher in die Paarkerze:

Ihren Namen und Ihr Geburtsdatum

oder wenn Sie für andere arbeiten

den Namen und das Geburtsdatum der ersten Person

sowie

den Namen und das Geburtsdatum Ihrer/Ihres Liebsten

oder statt dessen

den Namen und das Geburtsdatum der zweiten Person.

Stellen Sie dann diese Paarkerze hinter den Malachit. Die Räucherschale plazieren Sie links neben der Paarkerze, die Schale mit Weihrauchmischung stellen Sie vor die Räucherschale. Verteilen Sie die Rosenblätter kreisförmig um die Paarkerze und den Malachit. Nehmen Sie den Federhalter zur Hand, schreiben Sie mit Drachenbluttinte Ihren Wunsch auf das Hautpergament. Lassen Sie die Tinte trocknen, und legen Sie das Pergament und das Bild Ihrer/Ihres Liebsten (bzw. der/des Liebsten des Kunden) rechts neben die Paarkerze. Stellen Sie die Schale mit Heiligem Wasser rechts unten auf den Altar. Die sieben Onyx-Edelsteine reinigen Sie auch und legen sie in die linke untere Ecke.

Begeben Sie sich zum rituellen Bad, um sich zu reinigen und auf das Ritual vorzubereiten. Nach dem rituellen Bad gehen Sie nackt oder in angenehme rote Kleidung oder Tücher gehüllt zu Ihrem Altar.

Das Ritual

Bevor Sie beginnen, besprengen Sie den gesamten Altar mit Heiligem Wasser und sprechen dabei:

»Gesäubert, gereinigt und geschützt sei nun dieser geheiligte Ort.«

Nun sollten Sie sich und Ihr Ritual schützen. Ziehen Sie hierfür den Schutz-Kreidekreis so, wie ich es auf Seite 95 beschrieben habe. Reiben Sie die Paarkerze kräftig mit dem Liebesöl ein, und stellen Sie sie zurück auf ihren Platz.

Verweilen Sie nun einige Minuten vor Ihrem Altar, und lassen Sie diesen Ort der Liebe auf sich wirken. Versuchen Sie, sich völlig zu entspannen und nach einiger Zeit, wenn Sie sich gut und zufrieden fühlen, beginnen Sie Ihr Ritual. Zünden Sie die Kohletablette an, und warten Sie, bis diese richtig glüht. Geben Sie anschließend einen gestrichenen Teelöffel der Weihrauchmischung auf die glühende Kohle. Blicken Sie, während der Duft des Weihrauches emporsteigt, geradeaus Richtung Süden, sprechen Sie mit seitlich ausgebreiteten Armen und offenen, nach oben gewendeten Handflächen:

»Wächter des Südens, Ihr Wächter des Feuers, öffnet Eure Tore und laßt Aradia, die Göttin der Liebe, hindurch.«

Geben Sie wieder etwas Weihrauchmischung auf die Kohle, und rufen Sie erneut in Anrufungshaltung Richtung Süden:

»Aradia, oh, Du Göttin der Weisheit, der Liebe und der Leidenschaft, ich, ... (sagen Sie Ihren Namen), rufe Dich und bitte um Erfüllung meines innigsten Wunsches.«

Zünden Sie nun auch die beiden Altarkerzen und die Rosenräucherstäbchen an, und sagen Sie mit vor der Brust gekreuzten Armen:

»Ihr Wesenheiten des Feuers, eilt herbei in Liebe zu mir und schützt dieses Ritual, das in Liebe zelebriert wird.«

Geben Sie etwas Weihrauchmischung auf die Kohle, entzünden Sie dann die Paarkerze. Sagen Sie mit ausgebreiteten Armen:

»*Sieh, Du Göttin der Liebe, dieses Paar ist nicht aus Wachs, sondern aus Fleisch und Blut. Menschliche Schwächen ziehen durch ihre Leiber, und Leidenschaft zieht wie Feuer durch ihre Adern. In Liebe sind die beiden verbunden. Weder Streit noch Leid kann diese beiden menschlichen Wesen trennen. Was durch die Liebe und Macht der Göttin zusammenfindet, wird nie entzweit. So sei es ab sofort.*«

Heben Sie den Malachit mit der linken Hand über den Altar, und rufen Sie:

»*Alle Macht der Liebe herbei! Geladen mit der göttlichen Kraft der Liebe sei nun dieser Malachit. Wann immer mein(e) Liebste(r) (bzw. Name der zweiten Person) ihn berührt, fließt mehr Leidenschaft durch seinen/ihren Körper, und Liebe zu mir (bzw. Liebe zu ... Name der ersten Person) wird weiter entfacht und kehrt in ihr/sein (bzw. Name der zweiten Person) Herz ein.*«

Legen Sie den Malachit nun zurück auf den Altar, nehmen Sie die Onyx-Edelsteine in die linke Hand und rufen Sie erneut:

»*Aradia, lade diese Steine auf mit Deiner Kraft der Liebe und Leidenschaft. So sei es ab sofort.*«

Legen Sie nun auch die Onyxe zurück auf den Altar. Geben Sie nochmals einen gestrichenen Teelöffel der Weihrauchmischung auf die glühende Kohle. Nehmen Sie das Hautpergament, und führen Sie es siebenmal durch den aufsteigenden Rauch des Weihrauches. Sagen Sie dabei siebenmal Ihren Wunsch, den Sie zu Beginn mit Drachenbluttinte auf das Pergament geschrieben haben. Nach dem siebten Mal beenden Sie Ihren Wunsch mit:

»So sei es!«

Legen Sie das Hautpergament zurück auf den Altar. Geben Sie abschließend etwas Räucherung auf die Kohle, und lassen Sie alle Kerzen und Räucherungen ganz abbrennen. Anschließend füllen Sie das Pergament, das Bild Ihres/Ihrer Liebsten (bzw. der zweiten Person), einige Rosenblütenblätter und die Onyx-Edelsteine in das Stoffsäckchen. Dieses Säckchen müssen Sie so lange in der Nähe Ihres/Ihrer Liebsten (bzw. bei der zweiten Person) verstecken, bis sich Ihr Wunsch erfüllt hat. Den Malachit schenken Sie Ihrer/Ihrem Liebsten (bzw. muß die erste Person ihn der zweiten Person schenken). Alle anderen Ritualreste vergraben Sie an einem Freitag zur Mondzeit, jedoch vor Mitternacht, unter einem Rosenbusch. Wenn sich Ihr Wunsch erfüllt hat, vergraben Sie das Stoffsäckchen unter demselben Rosenbusch, auch an einem Freitag zur Mondzeit vor Mitternacht.

Treueritual für den Steinbock

Für dieses Ritual benötigen Sie folgende Zutaten:
Eine rosafarbene Altardecke, zwei weiße Altarkerzen, ein Bild der Person, die zur Treue bewegt werden soll, ein Fläschchen Treueöl, eine Schale mit Salzwasser, eine kleine Schale für die Weihrauchmischung, einen Teelöffel, eine Räucherschale, mit etwas Sand gefüllt, ein Stück Räucherkohle, ein Fläschchen Heiliges Wasser, einen wasserfesten Filzschreiber, Zündhölzer, Zahnstocher, eine spezielle Personenkerze, je nach Geschlecht der Person, die zur Treue bewegt werden soll (bei einem Mann eine rote männliche, bei einer Frau eine rote weibliche) sowie eine Räuchermischung, die speziell für das Treueritual des Steinbocks gemischt wird. Sie wissen ja schon, daß Sie diese problemlos selbst machen können. Nehmen Sie einen Teelöffel Sandelholz, zwei gestrichene Teelöffel Moschuskörner, einen gestrichenen Teelöffel Zimt, einen Teelöffel Lindenblüten und zwei Gewürznelken. Die groben Zutaten wie Moschuskörner oder Gewürznelken zerkleinern Sie erst in einem Mörser, in den Sie nach und nach alle Räucherzutaten geben und zu einer gut streubaren Mischung verarbeiten. Das, was von Ihrer Mischung nach dem Ritual übrigbleibt, können Sie in einem luftdichten Gefäß für ein weiteres Treueritual aufbewahren.

Ritualvorbereitung

Legen Sie die rosafarbene Decke über Ihren Altar, und plazieren Sie links und rechts oben die beiden weißen Altarkerzen. Ritzen Sie mit dem Zahnstocher in die Personenkerze:

den Namen und das Geburtsdatum der zur Treue zu bewegenden Person

sowie

Tiefes Begehren brennt in Deinem Herzen, sobald Du mich, ... (schreiben Sie Ihren Namen), erblickst. Andere Frauen/Männer sind Dir völlig gleichgültig. Dein Herz schlägt nur für mich in Liebe und Leidenschaft. So sei es.

Stellen Sie die Kerze in die Mitte des Altars, die Räucherschale stellen Sie dahinter. Nehmen Sie das Bild der Person, die zur Treue bewegt werden soll, zur Hand, schreiben Sie mit dem Filzstift auf die Rückseite:

den Namen und das Geburtsdatum der Person.

Legen Sie das Foto links unten auf den Altar. Die Schale mit dem Salzwasser stellen Sie in die rechte untere Ecke, das Fläschchen mit Heiligem Wasser kommt hinter das Bild, das Treueöl stellen Sie davor. Die Schale mit der Räuchermischung und dem Teelöffel stellen Sie rechts neben die Räucherschale.

Begeben Sie sich nun zum rituellen Bad, um sich auch selbst zu reinigen. Danach gehen Sie entweder nackt oder in angenehme rosafarbene Kleidung oder Tücher gehüllt zu Ihrem Ritualtisch.

Das Ritual

Bevor Sie die eigentliche Zeremonie beginnen, reinigen Sie noch den Altar. Beträufeln Sie diesen und alle Utensilien mit etwas Heiligem Wasser. Sprechen Sie dabei:

»Gesäubert, gereinigt und geschützt sei nun dieser geheiligte Ort.«

Jetzt sollten Sie sich und Ihr Ritual schützen. Ziehen Sie hierfür den Schutz-Kreidekreis so, wie ich es auf Seite 95 beschrieben habe. Sie können natürlich auch andere Schutzmaßnahmen durchführen, wie z. B. die anrufenden Pentagramme ziehen, die Wächter der Elemente rufen oder einen sogenannten Magischen Kreis auslegen. Reiben Sie die Kerze und auch das Bild mit Treueöl ein, und stellen Sie alles wieder zurück auf seinen Platz. Zünden Sie jetzt die Räucherkohle an, und legen Sie diese auf den Sand im Kessel. Warten Sie einen Augenblick, bis die Kohle richtig glüht, und geben Sie dann etwas Räuchermischung »Treue-Steinbock« darauf. Rufen Sie nun mit seitlich ausgebreiteten Armen und offenen, nach oben zeigenden Handflächen:

»Ihr Wesenheiten der Liebe, der Lust und der Leidenschaft, ich, ... (sagen Sie Ihren Namen), rufe Euch herbei. Eilt, eilt zu mir in meine Mitte, und schützt dieses Ritual der Treue.«

Streuen Sie wiederum etwas Räuchermischung auf die glühende Kohle. Besprenkeln Sie anschließend nochmals den gesamten Altar mit etwas Heiligem Wasser, und sagen Sie dabei:

»Geheiligt sei nun diese Stätte der Liebe und Treue. So sei es.«

Entzünden Sie auch die beiden weißen Altarkerzen, und sagen Sie in singendem Ton:

»Diana, weise Göttin, erscheine hier und erhöre mein Flehen.«

Geben Sie erneut etwas von der Räuchermischung auf die Kohle. Zünden Sie nun auch die Personenkerze an, und rufen Sie:

»So, wie diese Personenkerze brennt, lodert die Leidenschaft in den Adern von ... (sagen Sie den Namen der Person, die zur Treue bewegt werden soll). Er/Sie hat nur noch Augen für mich. Andere Frauen/Männer interessieren ihn/sie überhaupt nicht. ... (sagen Sie den Namen der Person) ist mir treu aus tiefstem Herzen. So sei es ab sofort.«

Geben Sie noch etwas Räucherung auf die Kohle. Nehmen Sie das Bild, halten es in den aufsteigenden Rauch und sagen zum Abschluß nochmals:

»Sieh, Diana, der heilige Rauch umhüllt ... (sagen Sie den Namen der Person) wie ein Nebel. Er/Sie erkennt fremde Verlockungen nicht mehr. So sei es ab sofort.«

Bedanken Sie sich, und verabschieden Sie sich von den Wesenheiten und der Göttin Diana. Lassen Sie alle Kerzen und Räucherungen ganz abbrennen, und vergraben Sie sämtliche Reste, zusammen mit dem Bild, an einem Montag zur Mondzeit, zwischen Sonnenaufgang und Mitternacht, unter einem Rosenstrauch. Gehen Sie, wann immer Sie wollen, zu diesem Rosenstrauch, und denken Sie in Liebe und Zärtlichkeit an Ihre/n Partner/in. Seien Sie gewiß, daß die Treue tief in seinem/ihrem Herzen verankert ist.

Artemis, die griechische Göttin der Jagd. Bei den Römern hieß sie Diana, »Himmelskönigin«, und wurde in drei verschiedenen Gestalten verehrt: 1. Mondjungfrau, 2. Mutter sämtlicher Geschöpfe und 3. Jägerin. Die Verehrung der Diana war in vorchristlicher Zeit so verbreitet, daß diese von den Christen zur »Königin der Hexen« ernannt wurde, um dadurch die Zerstörung der Dianatempel zu rechtfertigen. Nach Venantius* wurde z. B. in Vernemeton - das ist ein gallischer Name, der »Großes Heiligtum« bedeutet – der Göttin Diana gehuldigt. Ungefähr vom 5. bis zum 7. Jahrhundert war sie in Gallien die höchste Gottheit. Ihr Geist wurde in einem abgeschnittenen Ast oder Zweig verehrt. Es gab auch sogenannte Waldaltare – das waren Baumstümpfe, die als Altar hergerichtet wurden – zu Ehren Dianas. Hier wurde sie als Jägerin verehrt, und im gesamten Mittelalter war sie die Herrin und Hüterin der dichten Wälder Europas. In der bosnisch-kroatischen Heimat meiner Eltern und Großeltern ist sie als Mond- und Waldgöttin »Diiwica« bekannt. Übersetzt, im allgemeinen Sprachgebrauch, heißt »Diiwica« Jungfrau. Mir persönlich fällt eine andere Wortkombination auf: »Dii Wica« könnte auch »Dia Wicca« – Göttin der Wicca – heißen.

*__Venantius__ – Bischof von Poitiers, sein vollständiger Name war Venantius Honorius Clementianus Fortunatus. Er war im 6. Jahrhundert nicht nur Bischof, sondern auch Dichter. In Frankreich wird er noch heute als Heiliger verehrt.

Trennungsritual für den Steinbock

Mit diesem Ritual können Sie sich nicht nur von Ihrem Ehepartner oder Freund, sondern auch von einem Geschäftspartner trennen.

Für dieses Ritual benötigen Sie folgende Zutaten:
Eine schwarze Altardecke, eine schwarze Schlangenkerze, zwei weiße Altarkerzen, ein Fläschchen Trennungsöl, ein Schälchen für die Weihrauchmischung, einen Teelöffel, einen Räucherkessel, gefüllt mit etwas Sand, ein Stück Räucherkohle, ein Bild der Person, von der Sie sich trennen wollen, Zündhölzer, Zahnstocher, einen wasserfesten Filzschreiber, eine Schale mit Salzwasser sowie eine selbst hergestellte Räuchermischung »Saturn-Steinbock«. Nehmen Sie einen Teelöffel Myrrhe, zwei gestrichene Teelöffel Salbei, einen gestrichenen Teelöffel gemahlene Muskatnuß, einen gestrichenen Teelöffel Teufelsdreck, einen gestrichenen Teelöffel Drachenblut (Vorsicht, reizend!) und einen gestrichenen Teelöffel Wermut. Die groben Zutaten sollten Sie etwas zerkleinern. Am besten ist das in einem Mörser möglich, in den Sie nach und nach alle Räucherzutaten geben und alles zu einer gut streubaren Mischung verarbeiten. Das, was von Ihrer fertigen Mischung nach dem Ritual übrigbleibt, können Sie in einem luftdichten Gefäß für ein weiteres Trennungsritual aufbewahren.

Ritualvorbereitung

Breiten Sie die schwarze Decke über Ihren Altar, und plazieren Sie links und rechts oben die beiden Altarkerzen. Den Räucherkessel stellen Sie in die Mitte des Altares, das Schälchen mit der Räuchermischung stellen Sie davor. Ritzen Sie anschließend in die Schlangenkerze:

den Namen und das Geburtsdatum der Person, von der Sie sich trennen möchten.

Stellen Sie die Kerze dann hinter den Räucherkessel. Nehmen Sie das Bild der Person, von der Sie sich trennen wollen, zur Hand, und schreiben Sie mit dem Filzschreiber auf die Rückseite:

den Namen und das Geburtsdatum der Person.

Legen Sie das Bild vor den Räucherkessel. Die Schale mit dem Salzwasser plazieren Sie rechts unten auf Ihrem Altar, und das Fläschchen mit dem Trennungsöl stellen Sie davor. Legen Sie auch alle anderen Utensilien griffbereit. Ihr Altar ist nun soweit fertiggestellt. Bereiten Sie sich nun selbst vor, indem Sie ein rituelles Bad nehmen, sich dabei reinigen und auf Ihre bevorstehende Zeremonie besinnen. Trocknen Sie sich ab, und gehen Sie dann entweder nackt oder in schwarze Gewänder oder Tücher gehüllt zum Ritualtisch zurück.

Das Ritual

Begeben Sie sich zu Ihrem Altar, und reinigen Sie ihn. Hierzu besprengen Sie ihn und alle anderen Gegenstände mit etwas Salzwasser. Während Sie dies tun, sagen Sie:

»Gereinigt und geweiht sei diese Stätte. So sei es im Namen Karnaynas.«

Jetzt treffen Sie mindestens eine Schutzmaßnahme für sich selbst und Ihr Ritual. Ziehen Sie hierfür den Schutz-Kreidekreis so, wie ich es auf Seite 95 beschrieben habe. Sie können natürlich auch andere Schutzmaßnahmen ergreifen, wie z. B. die bannenden Pentagramme ziehen, die Wächter der Elemente rufen oder einen sogenannten Magischen Kreis auslegen.
Nehmen Sie die Schlangenkerze, und reiben Sie diese gut mit Trennungsöl ein. Anschließend stellen Sie sie wieder auf ihren Platz. Auch das Bild reiben Sie kräftig mit Trennungsöl ein und legen es zurück. Zünden Sie nun die Räucherkohle an, und legen Sie sie auf den Sand im Räucherkessel. Warten Sie einen Augenblick, bis die Kohle richtig glüht, und geben Sie dann etwas Ihrer selbst zubereiteten Räuchermischung »Saturn-Steinbock« darauf.
Wenden Sie sich nach Osten, und rufen Sie mit seitlich ausgebreiteten Armen und offenen, nach oben zeigenden Handflächen:

»Ihr großen Wächter des Ostens, öffnet Eure Tore, und laßt den mächtigen Gott hindurch.«

Wenden Sie sich nun nach Süden, und sagen Sie:

»Ihr großen Wächter des Südens, öffnet Eure Tore, und laßt den mächtigen Gott hindurch.«

Wenden Sie sich nach Westen, und sagen Sie ebenfalls:

»Ihr großen Wächter des Westens, öffnet Eure Tore, und laßt den mächtigen Gott hindurch.«

Wenden Sie sich abschließend nach Norden, sprechen Sie ein letztes Mal:

»Ihr großen Wächter des Nordens, öffnet Eure Tore, und laßt den mächtigen Gott hindurch.«

Geben Sie anschließend wieder ein bißchen Räuchermischung »Saturn-Steinbock« auf die glühende Kohle. Zünden Sie die beiden weißen Altarkerzen an, und rufen Sie wieder mit seitlich ausgebreiteten Armen:

»Karnayna, ich,... (sagen Sie Ihren Namen), rufe Dich. Eile herbei und erscheine hier in meiner Mitte.«

Entzünden Sie die Schlangenkerze, und geben Sie erneut etwas Räuchermischung auf die Kohle. Nehmen Sie die Anrufungshaltung ein, Ihre Arme seitlich vom Körper weggestreckt, die Hände göffnet, die Handflächen nach oben zeigend. Sagen Sie:

»*Karnayna, hör mich an! Laß die Liebe von ... (sagen Sie den Namen der Person, von der Sie sich trennen möchten) zu mir erkalten. Mögen sich unsere Wege trennen. Sieh, Karnayna, so, wie diese Schlange in der Flamme schmilzt und sich auflöst, löst sich auch seine/ihre Liebe zu mir auf. So sei es.*«

Geben Sie nochmals etwas Räuchermischung auf die Kohle, und geben Sie das Bild ebenfalls hinzu. Sprechen Sie jetzt:

»*Karnayna, sieh! So, wie dieses Bild sich auflöst und im Rauch verschwindet, löst sich die Liebe von ... (sagen Sie den Namen der Person, von der Sie sich trennen möchten) zu mir auf und verschwindet für alle Zeit. So sei es ab sofort.*«

Bedanken Sie sich nun, verabschieden Sie sich von Karnayna und den Wächtern, und lassen Sie alle Kerzen und Räucherungen ganz abbrennen. Vergraben Sie dann sämtliche Ritualreste an einem Donnerstag zur Saturnzeit (00.00 Uhr) an einer Straßengabelung. Wenn Sie alles vergraben haben, gehen Sie nach Hause, ohne sich noch einmal umzudrehen.

Abwehrritual für den Steinbock

Für dieses Ritual benötigen Sie folgende Zutaten:
Eine schwarze Ritualdecke, zwei schwarze Altarkerzen, eine dreifache Schlangenkerze mit feuerfester Untersetzschale, eine Räucherschale, gefüllt mit etwas Sand, ein Stück Räucherkohle, eine Schale für die Räuchermischung, neun Stecknadeln mit schwarzen Köpfen, einen Teelöffel, eine Schale mit Salzwasser, Zündhölzer, einen Zahnstocher, eine selbstgemachte Paste, bestehend aus zwei Teelöffeln voll Drachenblut (Vorsicht reizend!), einem Teelöffel Teufelsdreck und etwas Pflanzenöl (nur wenige Tropfen Öl beimischen, bis ein streichfester Brei entsteht), eine Schale für die Abwehrpaste sowie die Räuchermischung »Saturn-Steinbock«.
Nehmen Sie hierzu einen Teelöffel Myrrhe, zwei gestrichene Teelöffel Salbei, einen gestrichenen Teelöffel gemahlene Muskatnuß, einen gestrichenen Teelöffel Teufelsdreck, einen gestrichenen Teelöffel Drachenblut (Vorsicht, reizend!) und einen gestrichenen Teelöffel Wermut. Die groben Zutaten sollten Sie etwas zerkleinern. Am besten ist das in einem Mörser möglich, in den Sie nach und nach alle Räucherzutaten hineingeben und alles zu einer gut streubaren Mischung verarbeiten. Das, was von Ihrer fertigen Mischung nach dem Ritual übrigbleibt, können Sie wie immer in einem luftdichten Gefäß für ein weiteres Trennungsritual aufbewahren.

Ritualvorbereitung

Legen Sie die schwarze Ritualdecke auf Ihren Altar, und plazieren Sie links und rechts oben die schwarzen Altarkerzen. Ritzen Sie nun mit dem Zahnstocher folgendes, am besten in Hexenschrift, wie ich sie kenne und schreibe, in die dreifache Schlangenkerze:

Auch wenn Sie glauben, daß Sie das nicht schaffen, versuchen Sie es bitte trotzdem! Durch Ihre erhöhte Konzentration hierauf wird die Wirkung noch größer sein. Übersetzt heißt der Text:

Die Flüche meiner Feinde erreichen mich nicht. Ich stehe unter göttlichem Schutz. So sei es ab sofort im Namen Karnaynas.

Reiben Sie die Kerze anschließend mit Abwehrpaste ein, und spicken Sie jeden Schlangenkopf mit drei Stecknadeln. Plazieren Sie die Kerze nun in der Mitte Ihres Altares, vergessen Sie die feuerfeste Unterschale nicht. Den Räucherkessel stellen Sie vor die dreifache Schlangenkerze, die Schale mit der Räuchermischung stellen Sie rechts daneben.

Die Schale mit Salzwasser stellen Sie rechts vorne auf Ihren Ritualtisch. Die anderen Utensilien legen Sie auch griffbereit. Betrachten Sie nochmals den gesamten Altar, und lassen Sie ihn etwas auf sich wirken. Wenn soweit alles zu Ihrer Zufriedenheit hergerichtet ist, können Sie sich selbst vorbereiten und reinigen, indem Sie das rituelle Bad vollziehen.

Das Ritual

Nach Ihrer eigenen Reinigung trocknen Sie sich gut ab und gehen entweder nackt oder in angenehme schwarze Gewänder oder Tücher gehüllt zu Ihrem Altar. Besprenkeln Sie nun den gesamten Ritualtisch mit etwas Salzwasser, sprechen Sie dabei:

»Hiermit reinige und segne ich diesen Altar. So sei es.«

Um sich und auch Ihr Ritual zu schützen, sollten Sie zumindest den Schutz-Kreidekreis so ziehen, wie ich es auf Seite 95 beschrieben habe. Sie können natürlich auch andere Schutzmaßnahmen ergreifen, wie z. B. die bannenden Pentagramme ziehen, die Wächter der Elemente rufen oder einen sogenannten Magischen Kreis auslegen.
Zünden Sie dann die Räucherkohle an, und legen Sie sie auf den Sand in der Räucherschale. Warten Sie einen Moment, bis die Kohle richtig glüht, und geben Sie etwas Räuchermischung darauf. Rufen Sie in der schon beschriebenen Anrufungshaltung:

»Ihr Wesenheiten des Feuers, herbei geschwind. Verbrennt des Feindes Fluch. Ihr Wesenheiten des Wassers, herbei geschwind. Spült hinweg von mir alles Böse. Eure Wellen ertränken die Flüche des Bösen. Ihr Wesenheiten der Luft, herbei geschwind. Fegt hinweg die Flüche. Ihr Wesenheiten der Erde, herbei geschwind. Begrabt die Flüche der Feinde. So sei es, mit aller Kraft des Feuers, des Wassers, der Luft und der Erde.«

Geben Sie jetzt wieder etwas Räuchermischung auf die glühende Kohle, entzünden Sie auch die beiden schwarzen Altarkerzen. Rufen Sie mit ausgebreiteten Armen:

»Ihr mächtigen Wesenheiten, hört was ich sage. Unrecht wurde mir angetan. Meine Feinde versuchen, mich mit bösen Flüchen zu vernichten.«

Geben Sie nun erneut etwas Räuchermischung auf die Kohle, und zünden Sie die dreifache Schlangenkerze an. Rufen Sie wieder in Anrufungshaltung:

»Alle Flüche, Lügen und Intrigen erreichen mich nicht. Meine Feinde sind in den Fängen der Schlangen gefangen. Ab sofort sind ihre Flüche ohne Wirkung.«

Jetzt geben Sie wieder etwas Räucherung auf die Kohle und setzen sich in entspannter Haltung vor Ihren Altar. Schauen Sie nun ganz entspannt in die Flamme der dreifachen Schlangenkerze, und visualisieren Sie, wie Ihre Feinde mitsamt allen Verwünschungen von den Schlangen vertrieben werden. Schließen Sie Ihre Augen, und fühlen Sie die Erleichterung, die sich in Ihnen breitmacht. Endlich sind Sie von Ihren Feinden und deren Verleumdungen befreit. Stehen Sie auf, und geben Sie nochmals etwas Räucherung auf die Kohle. Breiten Sie Ihre Arme aus, und sagen Sie aus tiefstem Herzen:

»So sei es, im Namen der Wesenheiten, ab sofort.«

Bedanken Sie sich, und verabschieden Sie sich mit Ihren eigenen Worten von den Wesenheiten. Lassen Sie alle Kerzen und Räucherungen vollständig abbrennen, und werfen Sie sämtliche Ritualreste in ein fließendes Gewässer. Sehen Sie den hineingeworfenen Resten nicht hinterher, sondern gehen Sie sicher Ihres Weges. Auch beim Weggehen drehen Sie sich nicht mehr nach den davontreibenden Resten um. Seien Sie ganz gewiß, daß Ihre Feinde gebannt sind.

Schutzritual für den Steinbock

Hierfür benötigen Sie folgende Zutaten:
Eine weiße Altardecke, eine weiße Figurenkerze mit einer feuerfesten Unterschale, sieben weiße Altarkerzen, eine feuerfeste Schale oder einen Räucherkessel, gefüllt mit etwas Sand, ein Stück Räucherkohle, eine Schale für die Räuchermischung, ein Fläschchen Heiliges Wasser, ein weißes Stoffsäckchen, ein Fläschchen Schutzöl, einen etwa fünf Zentimeter großen, schwarzen Turmalin und einen etwa zwei Zentimeter großen, schwarzen Turmalin, ein Bild von sich selbst, einen Teelöffel getrockneten Salbei, einen Zahnstocher, Zündhölzer, einen wasserfesten Filzstift sowie die Räuchermischung »Schutz-Steinbock«, die Sie wie immer problemlos selbst herstellen können. Nehmen Sie hierzu einen gestrichenen Teelöffel Myrrhe, drei Teelöffel Olibanum, einen gestrichenen Teelöffel Wacholderbeeren, einen gestrichenen Teelöffel Beifuß, einen gestrichenen Teelöffel geriebene Muskatnuß, einen gestrichenen Teelöffel Johanniskraut und einen gestrichenen Teelöffel Wallwurz. Auch bei dieser Zubereitung sollten Sie die Zutaten etwas zerkleinern, am besten in einem Mörser. Geben Sie nach und nach alle Räucherzutaten hinein und verarbeiten Sie alles zu einer gut streubaren Mischung. Was von Ihrer Mischung nach dem Ritual übrigbleibt, können Sie in einem luftdichten Gefäß für ein weiteres Schutzritual aufbewahren.

Ritualvorbereitung

Legen Sie die weiße Altardecke über Ihren Ritualtisch, und stellen Sie die mit Sand gefüllte Räucherschale in die Mitte. Auf den Sand legen Sie das Stück Räucherkohle. Das Fläschchen mit dem Heiligen Wasser plazieren Sie rechts vorne auf Ihrem Altar. Ritzen Sie nun mit dem Zahnstocher in die weiße Figurenkerze:

Ihren Namen und Ihr Geburtsdatum

sowie

das schützende Licht der Götter umgibt mich.

Plazieren Sie die Kerze hinter der Räucherschale. Stellen Sie nun die sieben weißen Kerzen quer in einer Reihe, das heißt von links nach rechts, hinter der Figurenkerze auf. Die Schale mit der Räuchermischung plazieren Sie rechts neben dem Räucherkessel. Das Säckchen und den Salbei legen Sie vorne links auf den Altar. Nehmen Sie nun Ihr Bild zur Hand, und schreiben Sie mit dem Filzschreiber auf die Bildrückseite:

Ihren Namen und Ihr Geburtsdatum.

Legen Sie es dann links zum Salbei. Jetzt legen Sie noch die zwei schwarzen Turmaline vor die Räucherschale. Betrachten Sie nun nochmals den gesamten Altar, und lassen Sie ihn etwas auf sich wirken. Wenn soweit alles zu Ihrer Zufriedenheit hergerichtet ist, können Sie sich selbst vorbereiten und reinigen, indem Sie das rituelle Bad vollziehen.

Das Ritual

Begeben Sie sich dann zu Ihrem Altar und reinigen Sie ihn. Beträufeln Sie ihn und alle anderen Gegenstände mit Heiligem Wasser, sagen Sie dabei:

»Gereinigt, gesegnet und geschützt ist diese göttliche Stätte.«

Jetzt treffen Sie mindestens eine Schutzmaßnahme für sich selbst und Ihr Ritual. Ziehen Sie z. B. den Schutz-Kreidekreis so, wie ich es auf Seite 95 beschrieben habe. Sie können natürlich auch andere Schutzmaßnahmen ergreifen, z. B. die anrufenden Pentagramme ziehen, die Wächter der Elemente rufen oder den Magischen Kreis auslegen.
Entzünden Sie die Räucherkohle, und legen Sie diese auf den Sand in der Räucherschale. Bis die Kohle vollends glüht, nehmen Sie die Figurenkerze, reiben sie ganz mit Schutzöl ein und stellen sie an ihren Platz zurück. Ihr Bild reiben Sie auch mit Öl ein und legen es zum Salbei zurück. Wenn die Kohle nun richtig glüht, geben Sie etwas von der Räuchermischung darauf und sagen mit ausgebreiteten Armen:

»Ihr Wächter des Windes, des Wassers, des Feuers und der Erde ich, ... (sagen Sie Ihren Namen), rufe Euch zum Schutze dieses Rituals. Hört meinen Wunsch, und öffnet weit Eure Pforten, um den Göttern Einlaß zu gewähren.«

Geben Sie wieder etwas Räucherung auf die Kohle, entzünden Sie anschließend die sieben weißen Kerzen. Wieder in Anrufungshaltung, Ihre Arme seitlich vom Körper weggestreckt, die Hände offen und die Handflächen nach oben zeigend, rufen Sie:

»Höre mich, Du mächtige Göttin, und eile herbei. Du, Aradia, erscheine nun in meiner Mitte, und lege Deinen schützenden Mantel um meinen Körper, um meinen Geist und um meine Seele.«

Geben Sie erneut etwas Räucherung auf die Kohle, und entzünden Sie die weiße Figurenkerze. Nehmen Sie die Anrufungshaltung ein. Rufen Sie nun:

»Karnayna, Du mächtiger Gott, erscheine hier bei mir, und gewähre mir Deinen göttlichen Schutz.«

Geben Sie nochmals Räuchermischung auf die glühende Kohle, nehmen Sie die beiden schwarzen Turmaline zur Hand, halten Sie diese in den aufsteigenden Rauch, und sagen Sie:

»Alle Macht der Götter nun in diesen Stein. So sei es ab sofort.«

Legen Sie jetzt den großen Turmalin auf Ihren Altar zurück, und stecken Sie den kleinen Turmalin zusammen mit dem Salbei in das Stoffsäckchen. Geben Sie wieder etwas Räuchermischung auf die Kohle, halten Sie dann das Bild in den Rauch, wobei Sie sagen:

»*Ich, ... (sagen Sie Ihren Namen), bin umgeben von heiligem Rauch, er schützt mich wie ein Schild.*«

Geben Sie nun auch das Bild in das Säckchen, und verschnüren Sie dieses mit sieben Knoten. Bei jedem geschnürten Knoten sagen Sie:

»*Dieser Talisman wirkt im Namen der mächtigen Götter. So sei es ab sofort.*«

Legen Sie das Säckchen zurück auf den Altar, und sprechen Sie mit ausgebreiteten Armen:

»*Hört, Ihr Götter, was ich wünsche: Kein Leid kann mich treffen, Flüche und Lügen meiner Feinde erreichen mich nicht. So muß es sein ab sofort, weil ich unter Eurem mächtigen Schutze stehe.*«

Geben Sie zum Schluß nochmals etwas Räucherung auf die Kohle, und lassen Sie alle Kerzen ganz abbrennen. Vergraben Sie am darauffolgenden Tag, jedoch vor Mitternacht, sämtliche Ritualreste unter einem großen Stein. Den großen Turmalin stellen Sie in einem Raum auf, in dem Sie sich oft längere

Zeit aufhalten. In der Regel ist das das Schlafzimmer, weil wir hier einige Stunden hintereinander unsere Ruhe finden. Das Säckchen aber soll ab sofort Ihr täglicher Begleiter sein. Versuchen Sie, es so oft wie möglich bei sich zu haben – in der Hand- oder Hosentasche, im Büroschreibtisch oder im Handschuhfach Ihres Autos. Achten Sie auf das Säckchen, verlieren Sie es nicht, und es wird Sie so beschützen, wie Sie es sich gewünscht haben.

Gesundheitsritual für den Steinbock

Für dieses Ritual benötigen Sie folgende Zutaten:
Eine weiße Figurenkerze, zwei blaue Altarkerzen, eine blaue Altardecke, die getrockneten Blütenblätter von sieben blauen Rosen, eine Schale mit Salzwasser, eine feuerfeste Schale, mit etwas Sand gefüllt, ein Stück Räucherkohle, eine Schale für die Räuchermischung, ein Fläschchen Gesundheitsöl, Zündhölzer, einen Zahnstocher sowie die Räuchermischung »Gesundheit-Steinbock«, die Sie selbst herstellen können. Nehmen Sie hierzu einen gestrichenen Teelöffel Zimt, einen Teelöffel Kamille, zwei Teelöffel Sandelholz, einen gestrichenen Teelöffel Gewürznelken, einen gestrichenen Teelöffel Amber und einen gestrichenen Teelöffel Melisse. Wie immer sollten Sie die Zutaten etwas zerkleinern, am besten in einem Mörser. Geben Sie nach und nach alle Räucherzutaten hinein, und verarbei-

ten Sie alles zu einer gut streubaren Mischung. Was von Ihrer Mischung nach dem Ritual übrigbleibt, können Sie in einem luftdichten Gefäß für ein weiteres Gesundheitsritual aufbewahren.

Ritualvorbereitung

Breiten Sie die Altardecke über Ihrem Ritualtisch aus, und stellen Sie die beiden blauen Altarkerzen links und rechts oben auf. In die weiße Figurenkerze ritzen Sie mit dem Zahnstocher folgendes:

Ihren Namen und Ihr Geburtsdatum

sowie

Ihren Gesundheitswunsch.

Plazieren Sie die Figurenkerze dann in der Mitte Ihres Altars. Die Schale mit dem Salzwasser stellen Sie rechts vorne auf, die Räucherschale stellen Sie vor die Figurenkerze. Verteilen Sie nun die getrockneten blauen Rosenblütenblätter auf Ihrem Ritualtisch. Das Schüsselchen mit der Räuchermischung plazieren Sie rechts nahe der Räucherschale. Legen Sie die Räucherkohle, Zündhölzer sowie die anderen Utensilien auch griffbereit zurecht. Begutachten Sie nochmals Ihren gesamten Altar. Wenn alles zu Ihrer Zufriedenheit gerichtet ist, bereiten Sie sich nun selbst auf die bevorstehende Zeremonie vor.

Wie immer begeben Sie sich hierfür zum rituellen Bad und vollziehen es so, wie ich es auf Seite 52 beschrieben habe. Wenn Sie sich nun ganz entspannt und wohl fühlen, steigen Sie aus der Wanne, trocknen sich ab und gehen dann entweder nackt oder in angenehme blaue Gewänder oder Tücher gehüllt zu Ihrem Ritualtisch.

Das Ritual

Da Sie jetzt selbst gereinigt sind, reinigen Sie nun auch Ihren Altar mit allen Gegenständen. Besprenkeln Sie hierfür den gesamten Altar mit etwas Salzwasser, und sprechen Sie dabei:

»Ich, ... (sagen Sie Ihren Namen), reinige hiermit meinen Ritualtisch für das Gesundheitsritual.«

Jetzt können Sie für sich und Ihr Ritual Schutzmaßnahmen treffen. Stellen Sie sich also vor Ihren Altar, und ziehen Sie mit der linken Hand je ein anrufendes Pentagramm in jede Himmelsrichtung. Die richtige Reihenfolge ist Osten, Süden, Westen, Norden. Ziehen Sie jetzt mit Ihrem ausgestreckten linken Arm im Uhrzeigersinn einen so großen Kreis um sich selbst, daß auch Ihr Altar mit eingeschlossen ist. Dabei visualisieren Sie, daß die von Ihnen gezogene Linie dort, wo sie den Boden berührt, zu einem großen, lodernden Feuerring wird, der für die Dauer des Rituals nichts Negatives an

Sie herankommen läßt. Sie können natürlich auch andere Schutzmaßnahmen ergreifen, wie z. B. einen sogenannten Magischen Kreis auslegen oder zumindest den Schutz-Kreidekreis so ziehen, wie ich es auf Seite 95 beschrieben habe.
Nehmen Sie nun die weiße Figurenkerze zur Hand, und reiben Sie diese kräftig mit Gesundheitsöl ein. Stellen Sie sie danach wieder in die Unterschale zurück. Zünden Sie die Räucherkohle an, warten Sie einen Moment, bis die Kohle richtig glüht, und geben Sie einen gestrichenen Teelöffel der Räuchermischung darauf. Zünden Sie auch die beiden blauen Altarkerzen an. Breiten Sie Ihre Arme seitlich aus, mit den Handflächen nach oben zeigend, und sagen Sie:

»*Hört Ihr Wächter, hört meine Rufe, eilt herbei und schützt dieses Ritual. Laßt die Göttin durch Eure Tore. So sei es.*«

Geben Sie etwas Räuchermischung auf die glühende Kohle, und rufen Sie mit ausgebreiteten Armen:

»*Diana, Du mächtige Göttin, hör mein Flehen und komm in meine Mitte.*«

Halten Sie nun die Figurenkerze mit beiden Händen über die Räucherung, und sagen Sie:

»*Diana sieh, dies Geschöpf sei nun kein Wachs mehr, sondern Fleisch und Blut. Dieser menschliche Körper wird geplagt von ... (sagen Sie die Krankheit, von der Sie befreit werden möchten). Höre Diana, nimm hinweg das Leid von diesem Körper.«*

Stellen Sie die Figurenkerze zurück auf den Altar. Überkreuzen Sie Ihre Arme vor der Brust zum Gebet. Visualisieren Sie mit geschlossenen Augen, wie Sie völlig gesund auf einer Wiese spazierengehen. Fühlen Sie deutlich, wie glücklich Sie sind, Ihr Leiden besiegt zu haben. Öffnen Sie die Augen, zünden Sie die weiße Figurenkerze an, und geben Sie etwas Räuchermischung auf die Kohle. Sagen Sie mit ausgebreiteten Armen:

»Diana, vernimm meinen Wunsch. So, wie das Wachs in der Flamme schmilzt, schmilzt auch mein Leiden. Nichts, außer Kraft, Vitalität und das Licht Deiner Liebe, bleibt zurück. So sei es ab sofort, in Deinem Namen und aufgrund Deiner göttlichen Kraft.«

Lassen Sie die Atmosphäre des Rituals und die Anwesenheit der Göttin noch etwas auf sich wirken. In dem Wissen, daß Sie erhört wurden, bedanken Sie sich und verabschieden sich mit Ihren eigenen Worten von den Wächtern und der großen Göttin Diana. Lassen Sie alle Kerzen und Räucherungen völlig abbrennen, und vergraben Sie die Ritualreste an einem Sonntag zur Sonnenzeit (11.00 Uhr oder 18.00 Uhr) unter einem Baum Ihrer Wahl. Besuchen Sie den Baum, wann immer Sie wollen, und visualisieren Sie dabei Ihre Gesundheit und Kraft.

Talisman für den Steinbock

Für Ihren persönlichen Talisman benötigen Sie:
Eine grüne Tischdecke, getrocknete Blütenblätter einer weißen Rose, Moschusöl, ein grünes Stoffsäckchen mit einem grünen Faden zum Verschliessen, ein Bild von sich selbst, eine grüne männliche Figurenkerze, wenn Sie ein Mann sind, oder eine grüne weibliche Figurenkerze, wenn Sie eine Frau sind, eine feuerfeste Unterschale für diese Kerze, einen Zahnstocher, Zündhölzer, einen wasserfesten Filzschreiber, sieben Sandelholz-Räucherstäbchen, eine Schüssel mit Salzwasser, einen nicht zu großen schwarzen Turmalin-Edelstein, und einen Teelöffel Koriander.

Ritualvorbereitung

Breiten Sie die grüne Decke über Ihrem Tisch aus, und legen Sie den Turmalin in die Mitte. Die Räucherstäbchen plazieren Sie rings um den Edelstein herum. Stellen Sie die Schüssel mit Salzwasser in die rechte untere Ecke Ihres Altars. Mit dem Zahnstocher ritzen Sie in die grüne Figurenkerze:

Ihren Namen und Ihr Geburtsdatum

sowie

den Wunsch, den Ihr Talisman erfüllen soll.

Anschließend reinigen Sie die Kerze, indem Sie sie mit etwas Salzwasser abreiben. Stellen Sie sie dann vor den Räucherstäbchenkreis. Die Rosenblätter beträufeln Sie mit sieben Tropfen Moschusöl, füllen diese zusammen mit dem Koriander in das Stoffsäckchen und legen es rechts neben die Kerze. Nehmen Sie jetzt das Bild zur Hand, und schreiben Sie mit dem Filzschreiber auf die Rückseite:

Ihren Namen und Ihr Geburtsdatum.

Legen Sie Ihr Bild links neben die Figurenkerze. Den grünen Faden legen Sie auf das Bild. Kontrollieren Sie, ob alles zu Ihrer Zufriedenheit gerichtet ist, und vergessen Sie nicht, alle Utensilien griffbereit zu legen. Wenn alles in Ordnung ist, begeben Sie sich zum rituellen Bad.

Das Ritual

Wenn Sie sich selbst gereinigt haben, reinigen Sie auch den Altar mit allen Ritualgegenständen. Tauchen Sie die Fingerspitzen in das Salzwasser, besprenkeln Sie den gesamten Altar, und sagen Sie:

»Gereinigt und gesegnet sei diese Stätte im Namen der Götter. So sei es.«

Stellen Sie sich vor Ihren Altar, und ziehen Sie mit der linken Hand einen Kreis um Ihren Tisch, wobei

Sie visualisieren, daß da, wo Sie gerade ziehen, ein roter Schutzkreis entsteht. Wenn Sie diesen Kreis geschlossen haben, dürfen Sie ihn natürlich nicht mehr verlassen. Jetzt ziehen Sie, ebenfalls mit der linken Hand, in alle vier Himmelsrichtungen ein anrufendes Pentagramm. Die richtige Reihenfolge der Himmelsrichtungen ist Osten, Süden, Westen und Norden. Bei jedem Ziehen sprechen Sie:

»*An diesem Siegel zerbricht alles Böse.*«

Entzünden Sie nun die Räucherstäbchen, und rufen Sie mit ausgebreiteten Armen:

»*Herrscher der Erde, ich, ... (sagen Sie Ihren Namen), rufe Dich. Eile herbei, und höre, was ich begehre.*«

Zünden Sie nun auch die Kerze an, und sagen Sie erneut mit ausgebreiteten Armen:

»*Gib alle Kraft der Erde in meinen Talisman, so sei es.*«

Heben Sie den Turmalin über den von der Räucherung aufsteigenden Rauch, und sagen Sie dabei:

»*Herrscher der Erde, sieh diesen Stein. Alle Wünsche seien erfüllt. Starke positive Kraft sei nun in diesem Turmalin.*«

Geben Sie den Turmalin dann in das grüne Stoffsäckchen, und legen Sie Ihr Bild dazu. Verschnüren

Sie das Säckchen mit dem Faden, wobei Sie in die Fadenenden sieben Knoten knüpfen. Bei jedem geschnürten Knoten sagen Sie:

»So sei es ab sofort.«

Legen Sie anschließend das Säckchen wieder auf den Tisch, und lassen Sie es liegen, bis die Kerze und die Räucherung ganz abgebrannt sind. Vergraben Sie alle Ritualreste unter einem Baum Ihrer Wahl. Das Säckchen tragen Sie nun immer bei sich, es wird Ihnen ein treuer Begleiter und guter Schutz gegen vielerlei negative Einflüsse sein. Wenn Sie sich einmal kraftlos fühlen, nehmen Sie Ihr Säckchen in die Hand und visualisieren, daß positive Energie aus dem Turmalin im Stoffsäckchen in Ihre Hand und dann in den ganzen Körper strömt. Wenn Sie nach vielen Monaten – falls Sie sehr im Streß sind, vielleicht schon nach ein bis zwei Monaten – bemerken, daß Sie weniger oder keine Kraft mehr vom Talisman erhalten, sollten Sie ihn dankbar unter einem blühenden Baum vergraben. Jetzt können Sie sich einen neuen Talisman weihen, der Ihnen wieder neuen Schutz gibt.

Teil VII
Notwendige Informationen für magisches Arbeiten

Zeittafel für magisches Arbeiten

In der Magie wird den Daten der Astrologie höchste Bedeutung beigemessen. Daher ist es wichtig zu wissen, an welchen Tagen welcher Planet regiert, damit man noch besseren Zugang zu den kosmischen Kräften bekommt. Natürlich ist es auch wichtig zu wissen, an welchen Tagen man die verschiedenen Gottheiten anrufen kann.

Sonntag
Wie der Name schon sagt, ist dieser Tag der Sonne vorbehalten. An diesem Tag können Sie Gesundheitsrituale, Dankesrituale und Schutzrituale zelebrieren.

Montag
An diesem Tag regiert der Mond. In Italien heißt der Montag »lunedi«. Übersetzt bedeutet das »Tag der Mondgöttin«. Sie können Liebesrituale, in denen die Mondgöttin Aradia angerufen wird, zelebrieren, aber ebenso jedes andere Ritual, in dem Sie Aradia um Hilfe bitten.

Dienstag
Dieser Tag ist dem Gott Mars zugeschrieben. Mars wurde in der Antike immer dann angerufen, wenn Kämpfe anstanden oder wenn man wichtige Entscheidungen zu treffen hatte.

Mittwoch
Dem Götterboten Merkur ist dieser Tag bestimmt. Er eignet sich für das Merkur-Ritual. Wenn Sie einen Prozeß, beruflichen Aufstieg oder eine Prüfung zu bestehen haben, sollten Sie auch an diesem Tag Kerzenrituale zelebrieren.

Donnerstag
Dieser Wochentag ist Jupiter geweiht. Im Germanischen entspricht dieser Thor, dem Donnergott. Daher stammt der Name für diesen Wochentag. Wir zelebrieren das Jupiterritual und alle Rituale für Erfolg, Geld und Finanzen, und zwar von Sonnenaufgang bis 23.00 Uhr. Ebenso können Sie donnerstags beginnen, Flüche und Schadenszauber abzuwehren. Dies allerdings dann in der Zeit von 00.00 Uhr bis eine Stunde vor Sonnenaufgang.

Freitag
An diesem Tag regiert die Venus. Es ist der Tag, an dem Sie Liebesrituale zelebrieren sollen, und zwar nach Sonnenaufgang und vor Mitternacht. Wenn Sie sich an die Stunden halten, in denen Venus regiert, können Sie nichts falsch machen.

Samstag
An diesem Tag regiert der Saturn. Dieser steht für Neuanfänge und für Reinigung. »Altes lassen und Neues beginnen« lautet seine Devise. Der Samstag eignet sich hervorragend für exorzistische Riten.

Wochentage mit Regentenstunden

Sonntags regiert:
Sonne: 01.00 Uhr, 08.00 Uhr, 15.00 Uhr, 22.00 Uhr
Venus: 02.00 Uhr, 09.00 Uhr, 16.00 Uhr, 23.00 Uhr
Merkur: 03.00 Uhr, 10.00 Uhr, 17.00 Uhr, 24.00 Uhr
Mond: 04.00 Uhr, 11.00 Uhr, 18.00 Uhr
Saturn: 05.00 Uhr, 12.00 Uhr, 19.00 Uhr
Jupiter: 06.00 Uhr, 13.00 Uhr, 20.00 Uhr
Mars: 07.00 Uhr, 14.00 Uhr, 21.00 Uhr

Montags regiert:
Sonne: 05.00 Uhr, 12.00 Uhr, 19.00 Uhr
Venus: 06.00 Uhr, 13.00 Uhr, 20.00 Uhr
Merkur: 00.00 Uhr, 07.00 Uhr, 14.00 Uhr, 21.00 Uhr
Mond: 01.00 Uhr, 08.00 Uhr, 15.00 Uhr, 22.00 Uhr
Saturn: 02.00 Uhr, 09.00 Uhr, 16.00 Uhr, 23.00 Uhr
Jupiter: 03.00 Uhr, 10.00 Uhr, 17.00 Uhr
Mars: 04.00 Uhr, 11.00 Uhr, 18.00 Uhr

Dienstags regiert:
Sonne: 02.00 Uhr, 09.00 Uhr, 16.00 Uhr, 23.00 Uhr
Venus: 03.00 Uhr, 10.00 Uhr, 17.00 Uhr
Merkur: 04.00 Uhr, 11.00 Uhr, 18.00 Uhr
Mond: 05.00 Uhr, 12.00 Uhr, 19.00 Uhr
Saturn: 06.00 Uhr, 13.00 Uhr, 20.00 Uhr
Jupiter: 00.00 Uhr, 07.00 Uhr, 14.00 Uhr, 21.00 Uhr
Mars: 01.00 Uhr, 08.00 Uhr, 15.00 Uhr, 22.00 Uhr

Mittwochs regiert:
Sonne: 06.00 Uhr, 13.00 Uhr, 20.00 Uhr
Venus: 00.00 Uhr, 07.00 Uhr, 14.00 Uhr, 21.00 Uhr
Merkur: 01.00 Uhr, 08.00 Uhr, 15.00 Uhr, 22.00 Uhr
Mond: 02.00 Uhr, 09.00 Uhr, 16.00 Uhr, 23.00 Uhr
Saturn: 03.00 Uhr, 10.00 Uhr, 17.00 Uhr
Jupiter: 04.00 Uhr, 11.00 Uhr, 18.00 Uhr
Mars: 05.00 Uhr, 12.00 Uhr, 19.00 Uhr

Donnerstags regiert:
Sonne: 03.00 Uhr, 10.00 Uhr, 17.00 Uhr
Venus: 04.00 Uhr, 11.00 Uhr, 18.00 Uhr
Merkur: 05.00 Uhr, 12.00 Uhr, 19.00 Uhr
Mond: 06.00 Uhr, 13.00 Uhr, 20.00 Uhr
Saturn: 00.00 Uhr, 07.00 Uhr, 14.00 Uhr, 21.00 Uhr
Jupiter: 01.00 Uhr, 08.00 Uhr, 15.00 Uhr, 22.00 Uhr
Mars: 02.00 Uhr, 09.00 Uhr, 16.00 Uhr, 23.00 Uhr

Freitags regiert:
Sonne: 00.00 Uhr, 07.00 Uhr, 14.00 Uhr, 21.00 Uhr
Venus: 01.00 Uhr, 08.00 Uhr, 15.00 Uhr, 22.00 Uhr
Merkur: 02.00 Uhr, 09.00 Uhr, 16.00 Uhr, 23.00 Uhr
Mond: 03.00 Uhr, 10.00 Uhr, 17.00 Uhr
Saturn: 04.00 Uhr, 11.00 Uhr, 18.00 Uhr
Jupiter: 05.00 Uhr, 12.00 Uhr, 19.00 Uhr
Mars: 06.00 Uhr, 13.00 Uhr, 20.00 Uhr

Samstags regiert:

Sonne:	04.00 Uhr, 11.00 Uhr, 18.00 Uhr
Venus:	05.00 Uhr, 12.00 Uhr, 19.00 Uhr
Merkur:	06.00 Uhr, 13.00 Uhr, 20.00 Uhr
Mond:	00.00 Uhr, 07.00 Uhr, 14.00 Uhr, 21.00 Uhr
Saturn:	01.00 Uhr, 08.00 Uhr, 15.00 Uhr, 22.00 Uhr
Jupiter:	02.00 Uhr, 09.00 Uhr, 16.00 Uhr, 23.00 Uhr
Mars:	03.00 Uhr, 10.00 Uhr, 17.00 Uhr

Diese Zeiten sind nach der mitteleuropäischen Zeit ausgerechnet und bestimmt worden. Beachten Sie bitte, daß sich die Zeiten während der Sommerzeit um eine Stunde ändern.

Hier ein Beispiel: Freitags: Venuszeit, statt 15.00 Uhr = 16.00 Uhr Sommerzeit.

Der Schutz-Kreidekreis

Für Ihren Schutzkreis benötigen Sie Magische Kreide, die Sie selbst herstellen können. Besorgen Sie normale weiße Kreide und Meersalz. Acht Nächte vor Vollmondin geben Sie etwas Meersalz in eine Schale und legen die Kreide darauf. Die Schale muß jetzt sieben Nächte ruhig so am Fenster stehen, daß die Mondin darauf scheint. In der siebten Nacht, eine Nacht vor Vollmondin, halten Sie die Kreide mit Ihrer linken Hand der Mondin entgegen und sagen:

»Sieh, große Mondin, ich, ... (sagen Sie Ihren Namen), weihe diese Kreide in Deinem Namen. So sei es.«

Ab sofort können Sie die Magische Kreide verwenden. Immer wenn Sie diese nicht brauchen, legen Sie sie in die Schale mit Meersalz. Das Ziehen eines Schutzkreises mit der Magischen Kreide ist eine gute Möglichkeit, sich selbst und sein Ritual vor negativen Einflüssen oder Wesenheiten zu schützen. Beim Ziehen des Schutzkreises müssen Sie zwei Dinge beachten. Wenn Sie mit der Kreide um Ihren Altar einen Kreis auf den Boden malen, lassen Sie so viel Abstand, daß Sie sich problemlos im Kreis um den Altar bewegen können, und achten Sie darauf, daß Sie sich immer im Kreis befinden. Bis zum Ritualende dürfen Sie ihn nicht mehr verlassen. Während Sie den Kreis ziehen, sagen Sie siebenmal:

»Kein Feind, kein Fluch durchdringt den Kreis, zum Schutz ich ziehe ihn in Weiß.«

Anrufende Pentagramme

Osten, anrufend
(Luftelement)

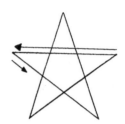

Süden, anrufend
(Feuerelement)

Westen, anrufend
(Wasserelement)

Norden, anrufend
(Erdelement)

Bannende Pentagramme

Osten, bannend
(Luftelement)

Süden, bannend
(Feuerelement)

Westen, bannend
(Wasserelement)

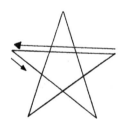

Norden, bannend
(Erdelement)

Auflösung von Seite 43

Liebe Leserin, lieber Leser,
sollten Sie beim ersten Durchblättern dieses Buches zufällig auf diese Seite stoßen, lesen Sie bitte den untenstehenden Text nicht. Lesen Sie zuerst den Anfang des Buches bis Seite 43 und führen Sie insbesondere die auf Seite 43 beschriebene »Teppich-Meditation« durch. Haben Sie das getan, drehen Sie nun das Buch um, und beginnen Sie, links oben zu lesen.

Diese Fragen sollen genügen, denn Sie verstehen jetzt sehr gut, daß mit jeder Frage und deren Beantwortung die Beschreibung Ihres Teppichs genauer und genauer wird. Je mehr Fragen Sie jetzt aufgrund der »Teppich-Meditation« spontan beantworten konnten, desto intensiver haben Sie über den Teppich nachgedacht und desto besser wären Sie in der Lage gewesen, in einem Ritual Ihr genau definiertes Ziel zu beschreiben – der Erfolg wäre sicherer. Weiter geht es nun wieder auf Seite 44.

Beginnen Sie hier:
Wenn Sie diesen Text lesen, haben Sie vermutlich vorher die »Teppich-Meditation« gemacht.
Die nachstehenden Fragen sollen Ihnen zeigen, ob Sie weit genug gedacht und sich von Ihrem Teppich ein ganz genaues Bild gemacht haben.

Welche Farbe hat der Teppich? Hat er irgendwelche Muster? Welche Muster? Haben gleiche Muster auch gleiche Farben? In welchem Raum liegt Ihr Teppich? Was ist außer Ihnen noch auf dem Teppich gewesen? Menschen, Möbel oder Tiere, und wo waren diese? Ganz oder nur halb auf dem Teppich? Haben Sie gesehen, wie weit Ihr Teppich reicht? Bis zu den Zimmerwänden? Oder bedeckt er nur einen Teil des Fußbodens? Ist er mit Randleisten versehen oder eingekettelt? Haben Sie diesen Teppich allein ausgesucht und gekauft? Mußten Sie einige Zeit sparen, um ihn sich leisten zu können? Wie haben Sie ihn vom Laden nach Hause gebracht? Oder wurde er geliefert? Haben Sie ihn selbst verlegt oder überließen Sie das Handwerkern oder Freunden, die helfen wollten? Wußten Sie vielleicht wieder, wie Sie sich gefreut haben, als er endlich im Zimmer lag?

SCHLUSSWORT

Ich hoffe, daß ich Ihnen, liebe Leserinnen und Leser, mit diesem Magiebuch für Ihr persönliches Sternzeichen einen kleinen Einblick in die umfangreichen Zusammenhänge der verschiedensten Themen von Astrologie und Magie geben konnte. Sie haben mit den Meditationen und Ritualen Einblick in die Weiße Magie, die ich praktiziere, erhalten. Es freut mich auch, wenn Ihnen dieses Buch eine Hilfe ist, selbst in die Welt der Weißen Magie einzusteigen oder Ihr Wissen zu erweitern, und wenn es Ihnen als Leitfaden dient, um das eine oder andere Ritual zu zelebrieren.

Natürlich können Sie alle gesprochenen Worte, die in den Ritualen vorkommen, Ihren persönlichen Bedürfnissen gemäß verändern oder erweitern. Der ursprüngliche Sinn sollte jedoch erhalten bleiben. Nicht verändern sollten Sie allerdings die Zutaten und die angegebenen Zeiten, da diese alle auf ein bestimmtes Ziel oder eine bestimmte Wirkung abgestimmt sind.

Sollten Sie weiterreichendes Interesse an weißmagischen Ritualen haben, möchte ich Ihnen an dieser Stelle meine Bücher empfehlen:

Die Weiße Magie der Hexe Theresia
ISBN 3-8138-0496-8

Das große Ritualbuch der Weißen Hexe Theresia
ISBN 3-8138-0510-7

Das Magische Jahr der Weißen Hexe Theresia
ISBN 3-8138-0497-6

Die Weiße Magie des Widders	ISBN 3-8138-0511-5
Die Weiße Magie des Stiers	ISBN 3-8138-0512-3
Die Weiße Magie der Zwillinge	ISBN 3-8138-0513-1
Die Weiße Magie des Krebses	ISBN 3-8138-0514-X
Die Weiße Magie des Löwen	ISBN 3-8138-0515-8
Die Weiße Magie der Jungfrau	ISBN 3-8138-0516-6
Die Weiße Magie der Waage	ISBN 3-8138-0517-4
Die Weiße Magie des Skorpions	ISBN 3-8138-0518-2
Die Weiße Magie des Schützen	ISBN 3-8138-0519-0
Die Weiße Magie des Steinbocks	ISBN 3-8138-0520-4
Die Weiße Magie des Wassermanns	ISBN 3-8138-0521-2
Die Weiße Magie der Fische	ISBN 3-8138-0522-0

Alle sind ebenfalls im Verlag Peter Erd erschienen. Wenn Sie Fragen haben oder diverses Ritualzubehör und Talismane oder Amulette bestellen möchten, schicken Sie mir Ihren Brief an die nachstehende **Bestelladresse**:

Theresia Baschek
Postfach 1133
21706 Drochtersen
Telefon: (04775) 89 12 54
E-Mail: HexeTheresia@t-online.de
Internet: www.hexe-theresia.de

Ich wünsche Ihnen, daß das, was Sie sich bei Ihren Ritualen erbitten, in Erfüllung geht.

Blessed Be!
Ihre Hexe Theresia

Theresia Baschek

Das große Ritualbuch der Weißen Hexe Theresia

- Ein umfassender Ratgeber für alle Lebensbereiche

- Praktische Anleitungen zu jedem Ritual

- Das Hexenalphabet

Kartoniert
14 x 20,5 cm
ca. 160 Seiten
ISBN 3-8138-0510-7

Bücher aus dem Peter-Erd-Programm finden Sie im Buchhandel. Fordern Sie das kostenlose Gesamtverzeichnis an:
Verlag Peter Erd
Gaißacher Str. 18
81371 München
Tel. (089) 7 25 30 04
Fax (089) 7 25 01 41

Von nun an werden Ihnen schlaflose Nächte keine Probleme mehr bereiten. Nehmen Sie gleich dieses Buch zur Hand, denn hier finden Sie zu fast allen Lebensbereichen das richtige Ritual – sei es ein Liebesritual bei Vollmond, ein Fruchtbarkeitsritual, Rituale für berufliche und finanzielle Fragen, Gesundheitsrituale u.v.m. Dieses Buch ist die unentbehrliche Ergänzung zu den Sternzeichenbüchern!

Bran O. Hodapp/Iris Rinkenbach

Weiße Naturmagie

- Entdecken Sie das magische Wissen der Kelten und Germanen

- Praktische Anleitung zur Nutzung der naturmagischen Kräfte

- Heilung und Schutz durch Anrufung keltischer Götter u.v.m.

Kartoniert
14 x 20,5 cm
160 Seiten
ISBN 3-8138-0485-2

Bücher aus dem Peter-Erd-Programm finden Sie im Buchhandel. Fordern Sie das kostenlose Gesamtverzeichnis an:
Verlag Peter Erd
Gaißacher Str. 18
81371 München
Tel. (089) 7 25 30 04
Fax (089) 7 25 01 41

Tauchen Sie ein in die geheimnisumwitterte magische Welt unserer keltischen Vorfahren! Dieses Buch verrät Ihnen die Lage alter, machtvoller Kraftplätze. Sie werden eingewiesen in das Wissen um Erdheilungs- und Wetterrituale und die Herstellung von Kraft- und Heilelixieren. Verschaffen Sie sich Zugang in das Reich Merlins, der Naturgeister und Wesenheiten, die Ihre Helfer werden.

Bran O. Hodapp/Iris Rinkenbach

Rituale der Weißen Magie

- Die Fortsetzung des Bestsellers »Weiße Naturmagie«
- Spirituelles Wachstum mit Ritualen
- Lebenshilfe für alle Bereiche des Alltags

Kartoniert
14 x 20,5 cm
168 Seiten
ISBN 3-8138-0458-5

Bücher aus dem Peter-Erd-Programm finden Sie im Buchhandel. Fordern Sie das kostenlose Gesamtverzeichnis an:
Verlag Peter Erd
Gaißacher Str. 18
81371 München
Tel. (089) 7 25 30 04
Fax (089) 7 25 01 41

Vertrauen Sie Ihren verschütteten ureigensten Kräften, um negative Energien und destruktive Kräfte, die Ihr Leben beeinflussen, erfolgreich abzuwehren! Dieser Ratgeber geht auf die breite Palette der Lebensbereiche ein, in denen diese alte Kunst eine wahre Hilfe darstellt: Ehe und Partnerschaft, Kinder, Beruf, Geld und Finanzen, Krankheit und Psyche.